Curso
MAD360

Auxiliar Administrativo/a

AYUNTAMIENTO DE ZARAGOZA

Si aún no dispones de tu **Curso MAD360**, te ofrecemos un acceso GRATIS de 30 días para que disfrutes de los siguientes recursos:

- Técnicas de Memoria 360.
- MADTEST: Test *online* Nivel PRO.
- Temario en formato digital.
- Vídeos y esquemas.
- Planificación de estudio.
- Foro entre opositores hasta la fecha del examen.*
- Recursos y novedades exclusivas.
- Consúltanos sobre tu oposición y proceso selectivo.
- Actualizaciones legislativas (Boletines Oficiales) hasta 60 días antes de la fecha del examen.*

Para acceder a esta prueba del Curso MAD360** será necesaria la compra de todos los libros para esta especialidad de la edición 2025.

Regístrate en **mad.es/iniciar-sesion** y en la pestaña MIS CURSOS valida los códigos que encuentras en la última página de tus libros.

NOTA IMPORTANTE:

* Examen de esta categoría profesional correspondiente a la convocatoria publicada en el BOE n.º 257, de 25 de octubre de 2025, o hasta el 31 de diciembre de 2026, lo que se cumpla antes, y previa renovación del servicio.

** El acceso al CURSO MAD360 estará disponible desde diciembre de 2025 (algunos recursos podrían estar disponibles en fecha posterior). Tendrá una duración de 30 días RENOVABLES mediante pago, desde la validación de códigos, o hasta el 30 de junio de 2027, lo que se cumpla antes.

MAD se reserva el derecho a ampliar dichas fechas.

Auxiliar Administrativo/a del Ayuntamiento de Zaragoza

Diciembre, 2025

Auxiliar Administrativo/a del Ayuntamiento de Zaragoza

Test del temario y supuestos prácticos del segundo ejercicio

Autores

JORGE ULLÓ MUÑOZ
Economista del Área de Hacienda y Fondos Europeos del Ayuntamiento de Zaragoza
Director de Oposiciones Nueva Romareda

TERESA MARÍA TORRES FONSECA
Licenciada en Derecho

© 7 Editores Recursos para la Cualificación Profesional y el Empleo, S.L. (7 Editores)
© Los autores
Primera edición, diciembre 2025 (194 páginas)
Derechos de edición reservados a favor de 7 Editores
IMPRESO EN ESPAÑA
Diseño Portada: 7 Editores
Edita: 7 Editores
Avda. San Francisco Javier, 9 · Edificio Sevilla 2 · Planta 11 · Módulos 25-27 · 41018 Sevilla
Teléfono: 954 784 411 · WEB: www.mad.es · e-mail: administracion@7editores.com
ISBN: 979-13-702-8282-0
© "Editorial Mad" y "Eduforma" son nombres comerciales registrados de
7 Editores Recursos para la Cualificación Profesional y el Empleo, S.L.

Índice

TEST

Test n.º 1. La Constitución española: elaboración y aprobación. Estructura y título preliminar. La Administración pública en la Constitución. Organización territorial del Estado en la Constitución: principios generales y Administración local 11

Test n.º 2. La Ley para la igualdad efectiva de mujeres y hombres: el principio de igualdad y la tutela contra la discriminación. La Ley de Prevención y Protección Integral a las Mujeres Víctimas de Violencia en Aragón: disposiciones generales y medidas de protección y apoyo a las víctimas. El Plan de Igualdad para empleadas y empleados del Ayuntamiento de Zaragoza 17

Test n.º 3. El Estatuto de Autonomía de Aragón: título preliminar, organización institucional de la Comunidad Autónoma y clases de competencias 25

Test n.º 4. La Ley del Procedimiento Administrativo Común de las Administraciones Públicas (I): los interesados en el procedimiento 31

Test n.º 5. La Ley del Procedimiento Administrativo Común de las Administraciones Públicas (II): la actividad de las Administraciones Públicas. Normas generales de actuación. Términos y plazos 37

Test n.º 6. La Ley del Procedimiento Administrativo Común de las Administraciones Públicas (III): los actos administrativos. Requisitos. Eficacia. Nulidad y anulabilidad 45

Test n.º 7. La Ley del Procedimiento Administrativo Común de las Administraciones Públicas (IV): disposiciones sobre el procedimiento administrativo común (iniciación, ordenación, instrucción y finalización) 51

Test n.º 8. La Ley del Procedimiento Administrativo Común de las Administraciones Públicas (V): revisión de los actos en vía administrativa. Revisión de oficio y recursos administrativos 59

Test n.º 9. Los contratos del sector público: delimitación de los tipos contractuales. Competencias en materia de contratación en las Entidades Locales. Normas específicas de contratación pública en las Entidades Locales............. 65

Test n.º 10. Los bienes de las entidades locales: bienes de dominio público y bienes patrimoniales 73

Test n.º 11. La actividad de las entidades Locales. Policía. El fomento. El servicio público local y sus formas de gestión 79

Test n.º 12. La Ley reguladora de las Haciendas Locales (I): los recursos de las haciendas municipales 87

Test n.º 13. La Ley reguladora de las Haciendas Locales (II): el presupuesto de los municipios: (contenido, aprobación y ejecución). La aprobación del presupuesto municipal en la ley de capitalidad de Zaragoza 93

Test n.º 14. El municipio: territorio y población. Competencias de los municipios. Servicios mínimos obligatorios. Régimen de organización de los municipios de gran población. La Ley de régimen especial del municipio de Zaragoza como capital de Aragón: disposiciones generales y especialidades en materia de organización 101

Test n.º 15. El Reglamento de Órganos territoriales y Participación ciudadana de Zaragoza. El Manual de Atención a la ciudadanía del Ayuntamiento de Zaragoza 109

Test n.º 16. Reglamentos y ordenanzas de los municipios. La aprobación de ordenanzas, ordenanzas fiscales y Reglamentos en la ley de capitalidad de Zaragoza 117

Test n.º 17. Los empleados públicos (I): clases. Derechos y deberes.......... 125

Test n.º 18. Los empleados públicos (II): adquisición y pérdida de la relación de servicio, situaciones administrativas y régimen disciplinario 133

Test n.º 19. Los empleados públicos (III): peculiaridades del régimen de los empleados públicos de las entidades locales. Estructura de la función pública local 141

Test n.º 20. La Ley de Prevención de Riesgos laborales: objeto y carácter de la norma, derecho a la protección frente a los riesgos laborales, servicios de prevención 149

SUPUESTOS PRÁCTICOS

Supuesto n.º 1. 157

Supuesto n.º 2. 167

Supuesto n.º 3. 175

Supuesto n.º 4. 185

TEST

TEST N.º 1

La Constitución española: elaboración y aprobación. Estructura y título preliminar. La Administración pública en la Constitución. Organización territorial del Estado en la Constitución: principios generales y Administración local

1. ¿En qué se fundamenta la Constitución Española?

a) En un Estado social y democrático de Derecho.
b) En la indisoluble unidad de la Nación española.
c) En la independencia de los poderes del Estado.
d) En la organización territorial del Estado.

2. Según el artículo 3 de la CE, el castellano es la lengua oficial del Estado y todos los Españoles:

a) Tienen el deber de usar y el derecho de conocer el castellano.
b) Tienen el derecho y el deber de conocer el castellano.
c) Tienen el deber de conocer y el derecho de usar el castellano.
d) Tienen el derecho de conocer y usar el castellano.

3. La Constitución Española reconoce y garantiza el derecho a la autonomía:

a) De las nacionalidades que la integran.
b) De las regiones que la integran.
c) De las Comunidades Autónomas que la integran.
d) De las nacionalidades y regiones que la integran.

4. El Preámbulo de la Constitución:

a) Tiene en sí carácter de norma jurídica.
b) Es una declaración de intenciones, destinada a interpretar lo que se quiere alcanzar con el contenido normativo de la Constitución.

c) Se trata de un texto sin fuerza jurídica de obligar.
d) Las respuestas b) y c) son correctas.

5. Señala la afirmación correcta, respecto de la aprobación, ratificación y publicación de la Constitución Española:

a) Aprobada por las Cortes el 31 de octubre de 1978, ratificada por el pueblo en referéndum el 6 de diciembre de 1978 y publicada el 29 de diciembre de 1978.
b) Aprobada por las Cortes el 30 de octubre de 1978, ratificada por el pueblo en referéndum el 16 de diciembre de 1978 y publicada el 27 de diciembre de 1978.
c) Aprobada por las Cortes el 31 de octubre de 1978, ratificada por el pueblo en referéndum el 16 de diciembre de 1978 y publicada el 29 de diciembre de 1978.
d) Aprobada por las Cortes el 10 de octubre de 1978, ratificada por el pueblo en referéndum el 26 de diciembre de 1978 y publicada el 30 de diciembre de 1978.

6. ¿En qué parte de la Carta Magna se establece la exposición de motivos que impulsan la norma constitucional y los objetivos que con ella se pretenden alcanzar?

a) En el Título preliminar.
b) En el Preámbulo.
c) En el Título I.
d) En el Título II.

7. La Constitución Española fue sancionada por:

a) El Rey.
b) El Presidente del Congreso.
c) Las Cortes Generales.
d) El Presidente del Gobierno.

8. ¿Cuáles de los siguientes españoles de origen pueden ser privados de su nacionalidad?

a) Exclusivamente los miembros de grupos terroristas.
b) Los miembros de grupos terroristas y los que atenten contra el Rey u otro miembro de la Casa Real.
c) Los que atenten contra un miembro de la Familia Real o del Gobierno de la Nación.
d) Ningún español de origen podrá ser privado de su nacionalidad.

9. Según la CE son fundamentos del orden político y la paz social:

a) La dignidad de la persona, los derechos violables que les son inherentes y el respeto a la ley.
b) La dignidad de la persona, el desarrollo limitado de la personalidad y el respeto a la ley.
c) El respeto a la ley, a los reglamentos administrativos y demás disposiciones legales.
d) La dignidad de la persona, los derechos inviolables que le son inherentes, el libre desarrollo de su personalidad, el respeto a la ley y a los derechos de los demás.

10. ¿Cuál de los siguientes es considerado por la CE como uno de los valores superiores del ordenamiento jurídico?

a) La jerarquía normativa.
b) El pluralismo político.
c) La publicidad normativa.
d) La equidad.

11. ¿Qué artículo de la Constitución recoge los principios a los que debe ajustarse la Administración en su actuación?

a) El artículo 103.
b) El artículo 102.
c) El artículo 104.
d) El artículo 106.

12. No se incluye como principio fundamental de la actuación de la Administración el de:

a) Coordinación.
b) Cooperación.
c) Legalidad.
d) Las respuestas b) y c) son correctas.

13. Las Fuerzas y Cuerpos de Seguridad dependen del:

a) Ejército.
b) Gobierno de la Nación.
c) Ministerio de Defensa.
d) Rey.

14. Puede negarse el acceso a los ciudadanos a un archivo administrativo por motivo de:

a) Intimidad de las personas.
b) Defensa del Estado.
c) Política general.
d) Las respuestas a) y b) son correctas.

15. No está obligada la Administración a indemnizar a un particular los daños y perjuicios causados por el funcionamiento de sus servicios:

a) En caso de fuerza mayor.
b) Cuando se trate de un caso fortuito.
c) Si este es solicitado por el propio particular.
d) En los tres supuestos anteriores debe indemnizar.

16. El Estado se organiza territorialmente en:

a) Municipios, comarcas y en las provincias que se constituyan.
b) Distritos, cabildos, comarcas, provincias y en las Comunidades Autónomas que se constituyan.
c) Municipios, provincias y en las Comunidades Autónomas que se constituyan.
d) Ciudades, provincias, comarcas y Comunidades Autónomas.

17. El Estado, velando por el establecimiento de un equilibrio económico, adecuado y justo, entre las diversas partes del territorio español, y atendiendo en particular a las circunstancias del hecho insular, garantiza la realización efectiva del principio de:

a) Igualdad.
b) Legalidad.
c) Solidaridad.
d) Justicia universal.

18. La Constitución garantiza expresamente en su artículo 140 la autonomía de:

a) Los municipios.
b) Las regiones.
c) Las comarcas.
d) Los territorios.

19. A tenor de la Constitución Española de 1978, ¿a quién corresponde el gobierno y administración de los municipios?

a) A sus respectivos Ayuntamientos, integrados por los Alcaldes y los Concejales.
b) A sus respectivos Ayuntamientos, integrados por los Alcaldes, Juntas de Gobierno Local y Concejales.
c) A sus Ayuntamientos, Concejales y vecinos.
d) A sus respectivos Alcaldes, Concejales y vecinos.

20. ¿Cómo serán elegidos los Concejales según dispone la Constitución Española?

a) Por el Alcalde o por los vecinos en la forma establecida en la ley.
b) Directamente por el Alcalde del municipio en la forma establecida en la ley.
c) Por los vecinos del municipio en la forma establecida por la ley.
d) Por el Alcalde con el respaldo de los vecinos.

En MADTEST tienes **más preguntas de este tema,** y todos tus avances quedan registrados y se reflejan en el ranking.

¡Supera tus límites con MADTEST!

Solución al test n.º 1

1. b) En la indisoluble unidad de la Nación española.

2. c) Tienen el deber de conocer y el derecho de usar el castellano.

3. d) De las nacionalidades y regiones que la integran.

4. d) Las respuestas b) y c) son correctas.

5. a) Aprobada por las Cortes el 31 de octubre de 1978, ratificada por el pueblo en referéndum el 6 de diciembre de 1978 y publicada el 29 de diciembre de 1978.

6. b) En el Preámbulo.

7. a) El Rey.

8. d) Ningún español de origen podrá ser privado de su nacionalidad.

9. d) La dignidad de la persona, los derechos inviolables que le son inherentes, el libre desarrollo de su personalidad, el respeto a la ley y a los derechos de los demás.

10. b) El pluralismo político.

11. a) El artículo 103.

12. b) Cooperación.

13. b) Gobierno de la Nación.

14. d) Las respuestas a) y b) son correctas.

15. a) En caso de fuerza mayor.

16. c) Municipios, provincias y en las Comunidades Autónomas que se constituyan.

17. c) Solidaridad.

18. a) Los municipios.

19. a) A sus respectivos Ayuntamientos, integrados por los Alcaldes y los Concejales.

20. c) Por los vecinos del municipio en la forma establecida por la ley.

TEST N.º 2

La Ley para la igualdad efectiva de mujeres y hombres: el principio de igualdad y la tutela contra la discriminación. La Ley de Prevención y Protección Integral a las Mujeres Víctimas de Violencia en Aragón: disposiciones generales y medidas de protección y apoyo a las víctimas. El Plan de Igualdad para empleadas y empleados del Ayuntamiento de Zaragoza

1. Según el artículo 4 de la LO 3/2007, la igualdad de trato y de oportunidades entre mujeres y hombres es:

a) Un principio general aplicable solo a la Administración.
b) Un principio informador del ordenamiento jurídico que se integrará y observará en la interpretación y aplicación de las normas.
c) Una recomendación de carácter programático.
d) Una facultad exclusiva de los poderes públicos.

2. El principio de igualdad de trato, de acuerdo con la LO 3/2007, supone:

a) La ausencia de toda discriminación, directa o indirecta, por razón de sexo.
b) La garantía de igualdad en el acceso únicamente al empleo.
c) La equiparación automática de todas las situaciones jurídicas.
d) Todas son correctas.

3. El artículo 6 de la LO 3/2007 define la discriminación directa por razón de sexo como:

a) La situación en que una persona sea tratada de manera menos favorable que otra en situación comparable por razón de sexo.
b) La aplicación de medidas neutrales que generen un perjuicio.
c) La falta de medidas de acción positiva.
d) La infravaloración de determinadas cualidades femeninas.

4. La ley 3/2007 indica que las medidas de acción positiva serán aplicables:

a) Mientras persistan las situaciones de desigualdad de hecho entre mujeres y hombres.
b) De forma indefinida y permanente.

c) Solo en el ámbito laboral.

d) Exclusivamente en el ámbito de una Administración Pública.

5. ¿Qué indica el artículo 13 de la Ley 3/2007 respecto a la prueba en casos de discriminación?

a) La carga de la prueba corresponde siempre a la persona demandante.

b) El juez no puede recabar dictamen de los organismos públicos competentes.

c) Corresponde a la parte demandada aportar una justificación objetiva y razonable de las medidas adoptadas.

d) Solo se aplica el artículo 13 en los procesos penales.

6. El derecho a la igualdad de trato entre mujeres y hombres es, según la ley 3/2007:

a) Un principio programático sin protección jurisdiccional.

b) Un derecho susceptible de tutela judicial efectiva.

c) Una recomendación política de aplicación progresiva.

d) Una competencia exclusiva de las comunidades autónomas.

7. Según el artículo 1 de la Ley 4/2007, de 22 de marzo, de Prevención y Protección Integral a las Mujeres Víctimas de Violencia en Aragón, ¿cuál es parte del objeto de la Ley?

a) Establecer penas mínimas y máximas para los agresores.

b) Regular la financiación de partidos políticos.

c) Adoptar medidas integrales de sensibilización, prevención y erradicación de la violencia ejercida sobre las mujeres.

d) Crear un registro de asociaciones empresariales.

8. Según el artículo 2 de la Ley 4/2007, de 22 de marzo, de Prevención y Protección Integral a las Mujeres Víctimas de Violencia en Aragón, ¿qué conducta se incluye expresamente como forma de violencia contra las mujeres?

a) Malos tratos psicológicos que generan sufrimiento mediante amenazas, humillaciones o vejaciones.

b) Críticas en redes sociales sin relación con la víctima.

c) Denegación de una beca por notas insuficientes.

d) Ninguna es correcta.

9. Según el artículo 18 de la Ley 4/2007, de 22 de marzo, de Prevención y Protección Integral a las Mujeres Víctimas de Violencia en Aragón, ¿qué caracteriza a un centro de emergencia?

a) Servicio social especializado y de carácter asistencial, destinado a acoger, durante un periodo de tiempo determinado a mujeres víctimas de violencia de género.

b) Asistencia permanente e inmediata con alojamiento y protección, y derivación a recursos adecuados.

c) Exclusivo para víctimas con sentencia firme.

d) Las respuestas a) y b) son correctas.

10. De acuerdo con el artículo 19 de la Ley 4/2007, de 22 de marzo, de Prevención y Protección Integral a las Mujeres Víctimas de Violencia en Aragón, ¿qué es una casa de acogida?

a) Vivienda indefinida para cualquier mujer sin recursos.

b) Servicio social especializado y asistencial para acoger temporalmente a mujeres (y sus hijas/os) víctimas de violencia doméstica que han abandonado el domicilio y carecen de medios.

c) Centro de asistencia permanente e inmediata.

d) Hogares funciones y temporales.

11. Según el artículo 20 de la Ley 4/2007, de 22 de marzo, de Prevención y Protección Integral a las Mujeres Víctimas de Violencia en Aragón, ¿para qué sirven los pisos tutelados?

a) Alojamiento transitorio y apoyo a mujeres que ya no requieren íntegramente la intervención de la casa de acogida, orientado a su autonomía.

b) Alternativa a los centros de emergencia.

c) Residencia permanente para cualquier familia monoparental.

d) Todas son correctas.

12. Conforme al artículo 25 de la Ley 4/2007, de 22 de marzo, de Prevención y Protección Integral a las Mujeres Víctimas de Violencia en Aragón, el servicio de mediación familiar se concibe como:

a) Intervención profesional neutral e imparcial para facilitar comunicación y acuerdos en conflictos familiares.

b) Mecanismo sustituto de las resoluciones judiciales firmes.

c) Mediación obligatoria entre mujeres víctimas de violencia y sus parejas.

d) Terapia clínica individual para mujeres.

13. Según el artículo 26 de la Ley 4/2007, de 22 de marzo, de Prevención y Protección Integral a las Mujeres Víctimas de Violencia en Aragón, el servicio de atención psicológica a hombres con problemas de control y violencia en el hogar tiene por finalidad principal:

a) Ofrecer intervención psicológica específica a hombres independientemente de que hayan sido actores o no de violencia contra las mujeres.

b) Ofrecer intervención psicológica específica para abordar problemas de control y violencia en el hogar.

c) Ofrecer intervención psicológica específica a hombres condenados por violencia contra las mujeres.

d) Tramitar órdenes de protección.

14. Según el artículo 27 de la Ley 4/2007, de 22 de marzo, de Prevención y Protección Integral a las Mujeres Víctimas de Violencia en Aragón, ¿quién puede ser beneficiario/a de la intervención psicológica además de la mujer víctima?

a) Al agresor de la víctima.
b) Personal sanitario que atienda situaciones de violencia.
c) Las hijas e hijos de la víctima.
d) Todas son correctas.

15. El Primer Plan de Igualdad para empleadas y empleados del Ayuntamiento de Zaragoza (PIEEM) fue aprobado por el Gobierno de Zaragoza:

a) El 18 de abril de 2013.
b) El 8 de abril de 2013.
c) El 28 de abril de 2013.
d) El 18 de abril de 2015.

16. El II Plan de Igualdad para Empleadas y Empleados Municipales (en adelante II PIEEM) del Ayuntamiento de Zaragoza se aprobó el:

a) El 20 de diciembre de 2023.
b) El 20 de enero de 2024.
c) El 22 de diciembre de 2022.
d) El 22 de diciembre de 2023.

17. Es una de las doce partes en las que se estructura el II PIEEM:

a) Ámbito de aplicación: personal, territorial y temporal.
b) Metodología.
c) Diagnóstico de la plantilla.
d) Todas son partes del PIEEM.

18. Cualquier comportamiento, verbal o físico, de naturaleza sexual que tenga el propósito o produzca el efecto de atentar contra la dignidad de una persona, en particular cuando se crea un entorno intimidatorio, degradante u ofensivo, es la definición que recoge la Ley Orgánica de Igualdad del:

a) Acoso sexual.
b) Acoso por orientación sexual.
c) Acoso por razón de sexo.
d) Ninguna es correcta.

19. ¿Qué artículo de la Ley de igualdad en Aragón (Ley 7/2018, de 28 de junio) regula la obligación de las Administraciones públicas aragonesas con más de 250 empleados la aprobación cada 4 años de un Plan de igualdad de oportunidades en la función pública?

a) Artículo 1.
b) Artículo 31.
c) Artículo 11.
d) Artículo 51.

20. Cualquier comportamiento basado en la orientación sexual de una persona, que tenga la finalidad o provoque el efecto de atentar contra su dignidad, o su integridad física o psíquica, o de crear un entorno intimidatorio, hostil, degradante, humillante, ofensivo o molesto, es la definición que recoge la Ley Orgánica de Igualdad (Ley 3/2007) del:

a) Acoso sexual.
b) Acoso por orientación sexual.
c) Acoso por razón de sexo.
d) Ninguna es correcta.

En MADTEST tienes **más preguntas de este tema**, y todos tus avances quedan registrados y se reflejan en el ranking.

¡Supera tus límites con MADTEST!

Solución al test n.º 2

1. b) Un principio informador del ordenamiento jurídico que se integrará y observará en la interpretación y aplicación de las normas.

2. a) La ausencia de toda discriminación, directa o indirecta, por razón de sexo.

3. a) La situación en que una persona sea tratada de manera menos favorable que otra en situación comparable por razón de sexo.

4. a) Mientras persistan las situaciones de desigualdad de hecho entre mujeres y hombres.

5. c) Corresponde a la parte demandada aportar una justificación objetiva y razonable de las medidas adoptadas.

6. b) Un derecho susceptible de tutela judicial efectiva.

7. c) Adoptar medidas integrales de sensibilización, prevención y erradicación de la violencia ejercida sobre las mujeres.

8. a) Malos tratos psicológicos que generan sufrimiento mediante amenazas, humillaciones o vejaciones.

9. b) Asistencia permanente e inmediata con alojamiento y protección, y derivación a recursos adecuados.

10. b) Servicio social especializado y asistencial para acoger temporalmente a mujeres (y sus hijas/os) víctimas de violencia doméstica que han abandonado el domicilio y carecen de medios.

11. a) Alojamiento transitorio y apoyo a mujeres que ya no requieren íntegramente la intervención de la casa de acogida, orientado a su autonomía.

12. a) Intervención profesional neutral e imparcial para facilitar comunicación y acuerdos en conflictos familiares.

13. b) Ofrecer intervención psicológica específica para abordar problemas de control y violencia en el hogar.

14. c) Las hijas e hijos de la víctima.

15. a) El 18 de abril de 2013.

16. d) El 22 de diciembre de 2023.

17. d) Todas son partes del PIEEM.

18. a) Acoso sexual.

19. d) Artículo 51.

20. b) Acoso por orientación sexual.

TEST N.º 3

El Estatuto de Autonomía de Aragón: título preliminar, organización institucional de la Comunidad Autónoma y clases de competencias

1. Los poderes de la Comunidad Autónoma de Aragón emanan:

a) Del pueblo Aragonés y del Español.
b) Del Pueblo Aragonés y del Estatuto de Autonomía.
c) Del pueblo Aragonés y de la Constitución.
d) De la Nación Aragonesa.

2. La Constitución define los Estatutos de Autonomía como:

a) La norma fundamental de la Comunidad Autónoma.
b) La norma Institucional básica de cada Comunidad Autónoma que el Estado reconoce y ampara como parte integrante de su Ordenamiento Jurídico.
c) La norma Institucional básica de cada Comunidad Autónoma de su Ordenamiento Jurídico Especifico.
d) La norma fundamental de cada Comunidad Autónoma amparada por el Estado.

3. ¿Qué rango normativo tiene el Estatuto de Autonomía de Aragón?

a) Ley Orgánica.
b) Ley de Bases.
c) Ley.
d) Decreto-Ley.

4 ¿Cómo se define a Aragón en el Estatuto de Autonomía?

a) Nacionalidad.
b) Nación.
c) Nacionalidad Histórica.
d) Realidad nacional.

5. ¿Quiénes gozan de la condición política de aragoneses?

a) Los ciudadanos españoles.
b) Los ciudadanos españoles que tengan la vecindad administrativa en cualquier de los municipios de Aragón o cumplan los requisitos que la legislación pueda establecer.
c) Todos aquellos que tengan vecindad en cualquiera de los municipios de Aragón.
d) Los ciudadanos españoles que tengan vecindad administrativa en cualquier de los municipios de Aragón.

6. Según el Estatuto de Autonomía, los derechos y libertades de los Aragoneses y Aragonesas son:

a) Los reconocidos en la Constitución, los incluidos en la declaración universal de los Derecho Humanos y en los demás instrumentos internacionales de protección de los mismos suscritos y ratificados por España, así como los establecidos en el ámbito de la Comunidad Autónoma por el Estatuto.
b) Los reconocidos en la Constitución, los incluidos en la Carta de Derechos de la Unión Europea y en los demás instrumentos internacionales de protección de los mismos suscritos y ratificados por España, así como los establecidos en el ámbito de la Comunidad Autónoma por el presente estatuto.
c) Los reconocidos en la Constitución, los incluidos en la declaración universal de los Derecho Humanos y en los demás instrumentos internacionales de protección de los mismos suscritos y ratificados por Aragón.
d) Ninguna es correcta.

7. ¿Cómo se estructura el articulado del Estatuto de Autonomía de Aragón?

a) En un preámbulo, nueve títulos, seis disposiciones adicionales, cinco disposiciones transitorias, una disposición derogatoria y una disposición final.
b) En un título preliminar y nueve títulos.
c) En nueve títulos, cinco disposiciones adicionales y una disposición derogatoria.
d) En diez títulos, seis disposiciones adicionales y una disposición final.

8. ¿A quién es aplicable del Derecho Foral Aragonés?

a) A los residentes en Aragón.
b) A los que ostenten la vecindad civil aragonesa residentes en Aragón.
c) A los españoles residentes en Aragón.
d) A los que ostenten la vecindad aragonesa independientemente del lugar de su residencia.

9. Aragón se estructura territorialmente en:

a) Municipios, Comarcas y Provincias.
b) Provincias.
c) Provincias y Municipios.
d) Provincias y Comarcas.

10. El territorio de la Comunidad Autónoma se corresponde:

a) Con el de las provincias de Zaragoza, Huesca y Teruel.
b) Con el de las comarcas de Aragón.
c) Con el histórico de Aragón comprendiendo el de los municipios, comarcas y provincias de Huesca, Teruel y Zaragoza.
d) Con el de los municipios de Aragón.

11. No es un principio político y administrativo derivado de la Constitución en relación con el Estatuto de Autonomía de Aragón:

a) Principio de unidad coordinación y cooperación institucional.
b) Principio de equilibrio territorial.
c) Principio democrático.
d) Principio de exclusividad del derecho estatal.

12. Según el Estatuto de Autonomía de Aragón los derechos, libertades y deberes de los Aragoneses y Aragonesas son:

a) Los establecidos en la Constitución y en la Declaración Universal de los derechos del Hombre.
b) Los establecidos en la Constitución y en el propio Estatuto de Autonomía de Aragón.
c) Exclusivamente los establecidos en el Estatuto de Autonomía de Aragón.
d) Todos son correctos.

13. En relación con la salud, ¿a qué tienen derecho los usuarios del sistema público de salud según el Estatuto de Autonomía de Aragón?

a) A la libre elección de médico y centro sanitario, en los términos que establecen las leyes.
b) A acceder a los Servicios Públicos y Privados de Salud.
c) A acceder a los Servicios Públicos de Salud en condiciones de igualdad.
d) A la asistencia sanitaria gratuita.

14. ¿Quiénes tienen derecho, según el Estatuto de Autonomía de Aragón, al acceso en condiciones de igualdad a unos Servicios Públicos de calidad?

a) Todos los ciudadanos.
b) Los españoles y ciudadanos europeos.
c) Todas las personas.
d) Los ciudadanos españoles y extranjeros.

15. La ordenación y organización de los servicios de justicia gratuita y orientación jurídica gratuita en el territorio de Aragón corresponde:

a) A la Comunidad Autónoma de Aragón.
b) Al Estado.

c) Al Consejo General del poder Judicial.
d) Al ministerio de Justicia.

16. Son instituciones de la Comunidad Autónoma de Aragón:

a) Las Cortes y el Justicia.
b) El Presidente.
c) El Gobierno o la Diputación General.
d) Todas las anteriores lo son.

17. El Presidente del Tribunal Superior de Justicia de Aragón es nombrado:

a) Por el Presidente de Aragón a propuesta del Consejo General del Poder Judicial.
b) Por el Rey a propuesta del Presidente de Aragón.
c) Por el Presidente del Gobierno de España a propuesta del Consejo de Justicia de Aragón.
d) Ninguna de las anteriores es correcta.

18. Las Cortes de Aragón son:

a) Soberanas.
b) Inviolables.
c) Independientes.
d) Autónomas.

19. ¿A quién corresponde el examen, enmienda, aprobación y control del presupuesto de la Comunidad Autónoma de Aragón?

a) A las Cortes de Aragón.
b) Al Gobierno de Aragón.
c) A las Cortes Generales.
d) Al Gobierno de España.

20. Según el Estatuto de Autonomía de Aragón la iniciativa legislativa corresponde:

a) A los miembros de las Cortes de Aragón y al Gobierno de Aragón.
b) A los miembros de las Cortes de Aragón y al Congreso de los Diputados.
c) Al Gobierno de España y al Gobierno de Aragón.
d) A las Cortes de Aragón y al Senado.

En MADTEST tienes **más preguntas de este tema**, y todos tus avances quedan registrados y se reflejan en el ranking.

¡Supera tus límites con MADTEST!

Solución al test n.º 3

1. c) Del pueblo Aragonés y de la Constitución.

2. b) La norma Institucional básica de cada Comunidad Autónoma que el Estado reconoce y ampara como parte integrante de su Ordenamiento Jurídico.

3. a) Ley Orgánica.

4. c) Nacionalidad Histórica.

5. b) Los ciudadanos españoles que tengan la vecindad administrativa en cualquiera de los municipios de Aragón o cumplan los requisitos que la legislación pueda establecer.

6. a) Los reconocidos en la Constitución, los incluidos en la declaración universal de los Derecho Humanos y en los demás instrumentos internacionales de protección de los mismos suscritos y ratificados por España, así como los establecidos en el ámbito de la Comunidad Autónoma por el Estatuto.

7. b) En un título preliminar y nueve títulos.

8. d) A los que ostenten la vecindad aragonesa independientemente del lugar de su residencia.

9. a) Municipios, Comarcas y Provincias.

10. c) Con el histórico de Aragón comprendiendo el de los municipios, comarcas y provincias de Huesca, Teruel y Zaragoza.

11. d) Principio de exclusividad del derecho estatal.

12. b) Los establecidos en la Constitución y en el propio Estatuto de Autonomía de Aragón.

13. a) A la libre elección de médico y centro sanitario, en los términos que establecen las leyes.

14. c) Todas las personas.

15. a) A la Comunidad Autónoma de Aragón.

16. d) Todas las anteriores lo son.

17. d) Ninguna de las anteriores es correcta.

18. b) Inviolables.

19. a) A las Cortes de Aragón.

20. a) A los miembros de las Cortes de Aragón y al Gobierno de Aragón.

TEST N.º 4

La Ley del Procedimiento Administrativo Común de las Administraciones Públicas (I): los interesados en el procedimiento

1. Según el artículo 8 de la LPACAP (Ley 39/2015), si durante la instrucción de un procedimiento se advierte la existencia de personas que sean titulares de derechos o intereses legítimos y directos cuya identificación resulte del expediente y que puedan resultar afectados por la resolución que se dicte:

a) Se comunicará a dichas personas la tramitación del procedimiento si este no ha tenido publicidad.

b) Se suspenderá el procedimiento hasta que se les comunique el estado del procedimiento y se les dé un plazo para presentar alegaciones.

c) Se seguirá adelante con el procedimiento sin más.

d) Se les comunicará y se volverá a iniciar el procedimiento.

2. ¿Cuál es la actual Ley del Procedimiento Administrativo Común de las Administraciones Públicas?

a) La Ley 30/1992, de 26 de noviembre.

b) La Ley 35/2005, de 4 de octubre.

c) La Ley 39/2015, de 1 de octubre.

d) La Ley 1/2015, de 8 de septiembre.

3. ¿De cuántos artículos consta la Ley 39/2015, de 1 de octubre, del Procedimiento Administrativo Común de las Administraciones Públicas?

a) De 121.

b) De 127.

c) De 131.

d) De 133.

4. La Ley 39/2015, de 1 de octubre, del Procedimiento Administrativo Común de las Administraciones Públicas, se estructura en:

a) 7 Títulos, 9 Disposiciones Adicionales, 5 Disposiciones Transitorias, 1 Disposición Derogatoria y 7 Disposiciones Finales.
b) 7 Títulos, 5 Disposiciones Adicionales, 7 Disposiciones Transitorias, 1 Disposición Derogatoria y 5 Disposiciones Finales.
c) 5 Títulos, 7 Disposiciones Adicionales, 7 Disposiciones Transitorias, 1 Disposición Derogatoria y 7 Disposiciones Finales.
d) 5 Títulos, 7 Disposiciones Adicionales, 5 Disposiciones Transitorias, 1 Disposición Derogatoria y 7 Disposiciones Finales.

5. Suele ser normal que la Administración Pública en las relaciones jurídicas administrativas:

a) Se sujete al Derecho Privado.
b) Actúe como sujeto de las mismas.
c) Despliegue una serie de potestades legalmente reconocidas.
d) Actúe representada por particulares.

6. Puede ser objeto de una relación jurídico-administrativa el/los/las:

a) Dominio público.
b) Potestades administrativas.
c) Deberes de los ciudadanos.
d) Nada de lo anterior.

7. Normalmente, la Administración Pública, en este tipo de relaciones jurídico-administrativas:

a) Se limita a una posición de espectadora de las mismas.
b) Actúa como sujeto activo.
c) Se encuentra en el lado pasivo de las mismas.
d) Está en igualdad de circunstancias que el administrado.

8. Una característica esencial de las relaciones jurídico-administrativas es:

a) Su regulación por el Derecho Privado.
b) La situación de igualdad de la Administración Pública y el administrado.
c) Su sujeción al Derecho Administrativo.
d) Estar exenta de regulación jurídica de todo tipo.

9. La relación en la que la Administración Pública actúa como un particular y no como tal Administración Pública es de carácter:

a) Privado.
b) Jurídico-administrativa.
c) No jurídica.
d) Semipública.

10. El contenido de la relación jurídico-administrativa se descompone en:

a) Actos humanos y cosas.
b) Hechos no jurídicos.
c) Derechos y obligaciones.
d) Todo lo anterior.

11. Se produce una modificación del contenido de una relación jurídico-administrativa en el siguiente supuesto:

a) La redención a metálico de una prestación personal de un vecino de un Municipio.
b) El cambio de titularidad de una licencia de apertura de establecimiento.
c) El *ius variandi* ejercido por la Administración Pública en un contrato administrativo.
d) La muerte de un contratista individual.

12. Es ejemplo de administrado cualificado un:

a) Ciudadano cualquiera.
b) Vendedor ambulante.
c) Concesionario de servicio público.
d) Las respuestas b) y c) son ciertas.

13. Un funcionario tiene la condición de:

a) Persona privada de interés social.
b) Autoridad.
c) Administrado simple.
d) Administrado cualificado.

14. La actuación de un particular realizando una prestación personal a la Administración:

a) Le convierte en administrado simple.
b) Comporta un trato de favor al mismo.
c) Le exime de pagar tasas judiciales.
d) Le cualifica respecto de la misma.

15. El que realice un uso común general del dominio público:

a) Requiere licencia.
b) Ha de estar habilitado a través de la correspondiente concesión demanial.
c) Tiene la condición de administrado cualificado.
d) Nada de lo expuesto es correcto.

16. El ciudadano que regenta un quiosco en la vía pública, sin hacer por tanto un uso común general de la misma, respecto a la Administración Pública es un administrado:

a) Simple.
b) Cualificado, al adquirir condición de funcionario.

c) Cualificado, al convertirse en un contratista.
d) Cualificado.

17. En Derecho Administrativo, a diferencia del Derecho Privado, se puede reconocer a los menores de edad:

a) Capacidad jurídica.
b) Capacidad de obrar.
c) Ambas capacidades.
d) Ninguna de ellas.

18. La edad mínima para entablar por sí solo relaciones con la Administración Pública es de:

a) Dieciocho años.
b) Depende de los casos.
c) Veintiún años la mujer casada.
d) Nada de lo anterior es cierto.

19. La falta o insuficiente acreditación de la representación no impedirá que se tenga por realizado el acto de que se trate, siempre que se aporte aquella o se subsane el defecto dentro del plazo que deberá conceder al efecto el órgano administrativo de:

a) Veinte días, o de un plazo superior cuando las circunstancias del caso así lo requieran.
b) Quince días, o de un plazo superior cuando las circunstancias del caso así lo requieran.
c) Diez días, o de un plazo superior cuando las circunstancias del caso así lo requieran.
d) Cinco días, o de un plazo superior cuando las circunstancias del caso así lo requieran.

20. Según el art. 7 LPACAP, cuando en una solicitud, escrito o comunicación figuren varios interesados, las actuaciones a que den lugar se efectuarán con el representante o el interesado que expresamente hayan señalado, y, en su defecto:

a) Con el de mayor edad.
b) Con el que figure en primer término.
c) Con cualquiera de ellos.
d) Con el que figure en último lugar.

En MADTEST tienes **más preguntas de este tema**, y todos tus avances quedan registrados y se reflejan en el ranking.

¡Supera tus límites con MADTEST!

Solución al test n.º 4

1. a) Se comunicará a dichas personas la tramitación del procedimiento si este no ha tenido publicidad.

2. c) La Ley 39/2015, de 1 de octubre.

3. d) De 133.

4. a) 7 Títulos, 9 Disposiciones Adicionales, 5 Disposiciones Transitorias, 1 Disposición Derogatoria y 7 Disposiciones Finales.

5. c) Despliegue una serie de potestades legalmente reconocidas.

6. a) Dominio público.

7. b) Actúa como sujeto activo.

8. c) Su sujeción al Derecho Administrativo.

9. a) Privado.

10. c) Derechos y obligaciones.

11. c) El *ius variandi* ejercido por la Administración Pública en un contrato administrativo.

12. d) Las respuestas b) y c) son ciertas.

13. d) Administrado cualificado.

14. d) Le cualifica respecto de la misma.

15. d) Nada de lo expuesto es correcto.

16. d) Cualificado.

17. b) Capacidad de obrar.

18. b) Depende de los casos.

19. c) Diez días, o de un plazo superior cuando las circunstancias del caso así lo requieran.

20. b) Con el que figure en primer término.

TEST N.º 5

La Ley del Procedimiento Administrativo Común de las Administraciones Públicas (II): la actividad de las Administraciones Públicas. Normas generales de actuación. Términos y plazos

1. Señala uno de los derechos que la Ley 39/2015, de 1 de octubre, del Procedimiento Administrativo Común de las Administraciones Públicas, reconoce a quienes tengan capacidad de obrar ante las Administraciones Públicas:

a) A la obtención y utilización de los medios de identificación y firma electrónica contemplados en la Ley 39/2015, de 1 de octubre.

b) A la protección de datos de carácter personal, y en particular a la seguridad y confidencialidad de los datos que figuren en los ficheros, sistemas y aplicaciones de las Administraciones Públicas.

c) A ser asistidos en el uso de medios electrónicos en sus relaciones con las Administraciones Públicas.

d) Todas las respuestas son correctas.

2. La Ley 39/2015, de 1 de octubre, del Procedimiento Administrativo Común de las Administraciones Públicas, reconoce a quienes tengan capacidad de obrar ante las Administraciones Públicas el derecho a comunicarse con las Administraciones Públicas a través de:

a) Un Punto de Acceso Rápido Telemático.

b) Un Punto Electrónico Central.

c) Un Punto Único Electrónico de contacto.

d) Un Punto de Acceso General electrónico de la Administración.

3. ¿Qué norma reguló el Esquema Nacional de Interoperabilidad?

a) La Ley 30/1992, de 26 de noviembre.

b) La Ley 11/2007, de 22 de junio.

c) El Real Decreto 4/2010, de 8 de enero.

d) El Real Decreto 12/2015, de 9 de abril.

4. A menos que la naturaleza del documento exija otra forma más adecuada de expresión y constancia, las Administraciones Públicas deberán emitir los documentos administrativos:

a) Preferiblemente de forma verbal.
b) Por escrito, a través de medios electrónicos.
c) Verbal o en su defecto por escrito.
d) De cualquier forma que deje constancia de su recepción.

5. Indica cuál de los siguientes documentos electrónicos emitidos por las Administraciones Públicas no requieren de firma electrónica, aunque sí precisan identificar su origen:

a) Los documentos que formen parte de un expediente administrativo.
b) Los documentos que se publiquen con carácter sancionador.
c) Los documentos que se publiquen con carácter meramente informativo.
d) Todos los documentos electrónicos emitidos por una Administración Pública requieren de firma electrónica.

6. Para ser considerados válidos, los documentos electrónicos deben cumplir, entre otros, con el siguiente requisito:

a) Incorporar una referencia temporal del momento en que han sido emitidos.
b) Incorporar los metadatos mínimos exigidos.
c) Disponer de los datos de identificación que permitan su individualización, sin perjuicio de su posible incorporación a un expediente electrónico.
d) Todas las respuestas son correctas.

7. ¿Cuándo podrán los interesados solicitar la expedición de copias auténticas de los documentos públicos administrativos que hayan sido válidamente emitidos por las Administraciones Públicas?

a) Únicamente en la fase de audiencia.
b) Solo en la fase de prueba.
c) Siempre antes de la resolución del expediente administrativo.
d) En cualquier momento.

8. La solicitud de copias auténticas de los documentos públicos administrativos que hayan sido válidamente emitidos por las Administraciones Públicas se dirigirá al órgano que emitió el documento original, debiendo expedirse, salvo las excepciones derivadas de la aplicación de la Ley 19/2013, de 9 de diciembre, en el plazo de:

a) Un mes a contar desde la recepción de la solicitud en el registro electrónico de la Administración u Organismo competente.
b) Veinte días a contar desde la recepción de la solicitud en el registro electrónico de la Administración u Organismo competente.

c) Quince días a contar desde la recepción de la solicitud en el registro electrónico de la Administración u Organismo competente.

d) Diez días a contar desde la recepción de la solicitud en el registro electrónico de la Administración u Organismo competente.

9. Señala la respuesta incorrecta respecto a la validez y eficacia de las copias realizadas por las Administraciones Públicas:

a) Las copias auténticas realizadas por una Administración Pública únicamente tendrán validez en esa Administración Pública.

b) Las copias auténticas tendrán la misma validez y eficacia que los documentos originales.

c) Cada Administración Pública determinará los órganos que tengan atribuidas las competencias de expedición de copias auténticas de los documentos públicos administrativos o privados.

d) Las Administraciones Públicas estarán obligadas a expedir copias auténticas electrónicas de cualquier documento en papel que presenten los interesados y que se vaya a incorporar a un expediente administrativo.

10. Los documentos que los interesados dirijan a los órganos de las Administraciones Públicas podrán presentarse:

a) En las oficinas de Correos, en la forma que reglamentariamente se establezca.

b) En las representaciones diplomáticas u oficinas consulares de España en el extranjero.

c) En las oficinas de asistencia en materia de registros.

d) Todas las respuestas son correctas.

11. Señala la respuesta incorrecta respecto a la comparecencia de las personas:

a) La comparecencia de las personas ante las oficinas públicas, ya sea presencialmente o por medios electrónicos, solo será obligatoria cuando así esté previsto mediante Reglamento.

b) En los casos en que proceda la comparecencia, la correspondiente citación hará constar expresamente el lugar, fecha, hora, los medios disponibles y objeto de la comparecencia, así como los efectos de no atenderla.

c) Las Administraciones Públicas entregarán al interesado certificación acreditativa de la comparecencia cuando así lo solicite.

d) Todas las respuestas son incorrectas.

12. Señala la respuesta incorrecta:

a) Estarán obligados a relacionarse a través de medios electrónicos con las Administraciones Públicas para la realización de cualquier trámite de un procedimiento administrativo los notarios y registradores de la propiedad y mercantiles.

b) En los procedimientos tramitados por las Administraciones de las Comunidades Autónomas y de las Entidades Locales, el uso de la lengua se ajustará a lo previsto en la legislación nacional.

c) Cada Administración dispondrá de un Registro Electrónico General, en el que se hará el correspondiente asiento de todo documento que sea presentado o que se reciba en cualquier órgano administrativo, organismo público o entidad vinculado o dependiente a estos.

d) Las personas físicas podrán elegir en todo momento si se comunican con las Administraciones Públicas para el ejercicio de sus derechos y obligaciones a través de medios electrónicos o no, salvo que estén obligadas a relacionarse a través de medios electrónicos con las Administraciones Públicas.

13. ¿Quién puede obtener copias de documentos contenidos en un procedimiento que se esté tramitando?

a) Solo los interesados en él.
b) Cualquier ciudadano.
c) Nadie.
d) Solo otro órgano administrativo.

14. Si un interesado de una Comunidad Autónoma con lengua oficial específica se dirige a un órgano de la Administración General del Estado sito en su Comunidad, ha de hacerlo en:

a) Castellano necesariamente.
b) Su lengua oficial exclusivamente.
c) Cualquiera de las dos anteriores, a su opción.
d) La que se le indique por la citada Administración.

15. La actuación por un funcionario que suponga discriminación de un interesado por razón de sexo, es considerada por el Texto Refundido de la Ley del Estatuto Básico del Empleado Público, como:

a) Falta leve.
b) Falta muy grave.
c) Falta grave.
d) No contempla este supuesto.

16. Los medios o soportes en que se almacenen documentos sobre procedimientos administrativos, deberán contar con medidas de seguridad, de acuerdo con lo previsto en:

a) La Recomendación Europea de Seguridad Procedimental.
b) La Directiva de la Agencia Nacional de Seguridad.
c) El Fondo Europeo de Seguridad.
d) El Esquema Nacional de Seguridad.

17. Los interesados en un procedimiento que conozcan datos que permitan identificar a otros interesados que no hayan comparecido en él:

a) Tienen el deber de proporcionárselos a la Administración actuante.

b) Pueden proporcionárselos a la Administración actuante, cuando lo estimen conveniente.

c) No tienen por qué aportarlos al procedimiento.

d) Solo tienen obligación de aportarlos cuando les proporcione un beneficio.

18. De acuerdo con el artículo 13 de la Ley 39/2015, de 1 de octubre, de Procedimiento Administrativo Común de las Administraciones Públicas, las personas que tienen capacidad de obrar conforme al artículo 3 de la Ley 39/2015, de 1 de octubre, de Procedimiento Administrativo Común de las Administraciones Públicas, en sus relaciones con las Administraciones Públicas, tienen los siguientes derechos:

a) A obtener información y confección de los documentos jurídicos o técnicos que las disposiciones vigentes impongan a los proyectos, actuaciones o solicitudes que se propongan realizar.

b) Al acceso a los registros y archivos de las Administraciones Públicas en los términos previstos en la Constitución y en la Ley 30/1992, de 26 de noviembre.

c) A ser tratados con respeto e indiferencia por las autoridades y funcionarios, que habrán de facilitarles el ejercicio de sus derechos y el cumplimiento de sus obligaciones.

d) Al acceso a la información pública, archivos y registros de acuerdo con lo previsto en la Ley 19/2013, de 9 de diciembre, de transparencia, acceso a la información pública y buen gobierno y el resto del Ordenamiento Jurídico.

19. En relación con la lengua de los procedimientos, señala la afirmación falsa; de acuerdo con el artículo 15 de la Ley 39/2015, de 1 de octubre, de Procedimiento Administrativo Común de las Administraciones Públicas:

a) La lengua de los procedimientos tramitados por la Administración General del Estado será el español.

b) Los interesados que se dirijan a los órganos de la Administración General del Estado con sede en el territorio de una Comunidad Autónoma podrán utilizar también la lengua que sea cooficial en ella.

c) En los procedimientos tramitados por las Administraciones de las Comunidades Autónomas y de las Entidades Locales, el uso de la lengua se ajustará a lo previsto en la legislación autonómica correspondiente.

d) La Administración pública instructora deberá traducir al castellano los documentos, expedientes o partes de los mismos que deban surtir efecto fuera del territorio de la Comunidad Autónoma y los documentos dirigidos a los interesados que así lo soliciten expresamente. Si debieran surtir efectos en el territorio de una Comunidad Autónoma donde sea cooficial esa misma lengua distinta del castellano, no será precisa su traducción.

20. Conforme al artículo 19.1 de la Ley 39/2015, de 1 de octubre, de Procedimiento Administrativo Común de las Administraciones Públicas, la comparecencia de los ciudadanos ante las oficinas públicas solo será obligatoria cuando así esté previsto en una norma con rango de:

a) Ley.
b) Decreto.
c) Orden.
d) Instrucción.

En MADTEST tienes **más preguntas de este tema**, y todos tus avances quedan registrados y se reflejan en el ranking.

¡Supera tus límites con MADTEST!

Solución al test n.º 5

1. d) Todas las respuestas son correctas.

2. d) Un Punto de Acceso General electrónico de la Administración.

3. c) El Real Decreto 4/2010, de 8 de enero.

4. b) Por escrito, a través de medios electrónicos.

5. c) Los documentos que se publiquen con carácter meramente informativo.

6. d) Todas las respuestas son correctas.

7. d) En cualquier momento.

8. c) Quince días a contar desde la recepción de la solicitud en el registro electrónico de la Administración u Organismo competente.

9. a) Las copias auténticas realizadas por una Administración Pública únicamente tendrán validez en esa Administración Pública.

10. d) Todas las respuestas son correctas.

11. a) La comparecencia de las personas ante las oficinas públicas, ya sea presencialmente o por medios electrónicos, solo será obligatoria cuando así esté previsto mediante Reglamento.

12. b) En los procedimientos tramitados por las Administraciones de las Comunidades Autónomas y de las Entidades Locales, el uso de la lengua se ajustará a lo previsto en la legislación nacional.

13. a) Solo los interesados en él.

14. c) Cualquiera de las dos anteriores, a su opción.

15. b) Falta muy grave.

16. d) El Esquema Nacional de Seguridad.

17. a) Tienen el deber de proporcionárselos a la Administración actuante.

18. d) Al acceso a la información pública, archivos y registros de acuerdo con lo previsto en la Ley 19/2013, de 9 de diciembre, de transparencia, acceso a la información pública y buen gobierno y el resto del Ordenamiento Jurídico.

19. a) La lengua de los procedimientos tramitados por la Administración General del Estado será el español.

20. a) Ley.

TEST N.º 6

La Ley del Procedimiento Administrativo Común de las Administraciones Públicas (III): los actos administrativos. Requisitos. Eficacia. Nulidad y anulabilidad

1. Los actos deben motivarse:

a) Siempre.
b) Nunca.
c) Cuando decidan un procedimiento.
d) Cuando la ley lo prescriba.

2. No tienen por qué motivarse los actos que:

a) Resuelvan recursos.
b) Limiten derechos subjetivos.
c) Se separen del dictamen de órganos consultivos.
d) Todos los anteriores deben motivarse.

3. En la notificación de todo acto administrativo no es necesario que conste siempre:

a) Su texto íntegro.
b) Los recursos que contra el mismo procedan.
c) Los motivos en que se basa la decisión.
d) El plazo de interposición de los recursos.

4. ¿En qué supuestos la notificación se hará por medio de un anuncio publicado en el Boletín Oficial del Estado?

a) Cuando se ignore el lugar de la notificación.
b) Cuando los interesados en un procedimiento sean conocidos.
c) Cuando intentada la notificación, no se hubiera podido practicar.
d) Las respuestas a) y c) son correctas.

5. Para que un acto tenga eficacia retroactiva es necesario que:

a) Limite derechos de los particulares.
b) Restrinja el ejercicio de facultades de los particulares.
c) Imponga deberes u obligaciones.
d) No se lesionen derechos de otras personas.

6. La presunción de legitimidad de los actos administrativos:

a) No admite prueba en contrario.
b) Dependerá de lo que el propio acto establezca.
c) Puede ser objeto de impugnación por el particular.
d) Solo se da cuando la ley expresamente lo diga.

7. Cuando la notificación se practique en el domicilio del interesado, de no hallarse presente, podrá hacerse cargo de la misma cualquier persona que se encuentre en el domicilio, haga constar su identidad y sea:

a) Mayor de catorce años.
b) Mayor de dieciséis años.
c) Mayor de dieciocho años.
d) Mayor de veintiún años.

8. Cuando el Delegado Provincial de una Consejería de una Comunidad Autónoma de una Provincia concreta resuelve un recurso administrativo en materia propia de la Delegación Provincial de otra Consejería de distinta Provincia, incurre en una incompetencia:

a) Funcional y jerárquica.
b) Territorial y jerárquica.
c) Funcional y territorial.
d) Territorial exclusivamente.

9. Cuando el acto administrativo presenta un vicio que no le hace incurrir en nulidad absoluta ni en anulabilidad, se considera:

a) Irregular.
b) Defectuoso.
c) Inválido.
d) Viciado.

10. Cuando la notificación por medios electrónicos sea de carácter obligatorio, se entenderá rechazada cuando:

a) Hayan transcurrido veinte días naturales desde la puesta a disposición de la notificación sin que se acceda a su contenido.
b) Hayan transcurrido diez días naturales desde la puesta a disposición de la notificación sin que se acceda a su contenido.

c) Hayan transcurrido diez días hábiles desde la puesta a disposición de la notificación sin que se acceda a su contenido.

d) Hayan transcurrido veinte días hábiles desde la puesta a disposición de la notificación sin que se acceda a su contenido.

11. Señala la respuesta incorrecta. Los actos administrativos serán objeto de publicación:

a) Cuando así lo establezcan las normas reguladoras de cada procedimiento.

b) Cuando lo aconsejen razones de interés público apreciadas por el órgano competente.

c) Cuando el acto tenga por destinatario a una pluralidad indeterminada de personas.

d) Siempre.

12. La notificación de un acto administrativo:

a) Suspende su eficacia hasta que se efectúe tratándose de actos generales.

b) No impide su ejecutividad una vez efectuada.

c) Suspende su eficacia una vez realizada.

d) Ha de hacerse con todo tipo de actos.

13. Los supuestos de nulidad absoluta de actos administrativos:

a) Son la regla general en nuestro Derecho.

b) Son los recogidos en el artículo 47 de la Ley 39/2015, de 1 de octubre, del Procedimiento Administrativo Común de las Administraciones Públicas, exclusivamente.

c) Pueden establecerse expresamente por una disposición con rango de ley.

d) Son solo los del artículo 47 citado y de otras leyes formales.

14. Los defectos formales en un acto, según reconoce expresamente la ley:

a) Lo vician con nulidad absoluta.

b) Lo vician con anulabilidad en todo caso.

c) Pueden dar lugar a la nulidad absoluta si producen indefensión.

d) Pueden dar lugar a la anulabilidad si producen indefensión.

15. La Administración Pública podrá convalidar un acto:

a) Si el vicio consiste en incompetencia jerárquica.

b) Si el vicio consiste en incompetencia funcional.

c) Si el vicio consiste en incompetencia territorial.

d) En ninguno de los anteriores casos.

16. La Administración Pública no podrá convalidar un acto si el vicio consiste en:

a) Incompetencia jerárquica.

b) La falta de una autorización.

c) Incompetencia funcional.

d) La omisión de un informe facultativo.

17. Señala la respuesta incorrecta. La eficacia del acto administrativo puede cesar definitivamente por:

a) El incumplimiento de la condición resolutoria a que pudiera estar sujeto.
b) El transcurso del plazo señalado en el acto, si estaba limitado en el tiempo.
c) La anulación o revocación del propio acto.
d) La desaparición de los presupuestos de hecho que motivaron que se dictase.

18. El procedimiento, que es la vía a través de la cual se elabora la declaración de voluntad, deseo, conocimiento o juicio de la Administración, en que consiste el acto, es un elemento del acto administrativo de tipo:

a) Objetivo.
b) Subjetivo.
c) Formal.
d) Accidental.

19. Serán motivados, con sucinta referencia de hechos y fundamentos de Derecho:

a) Los actos que se separen del criterio seguido en actuaciones precedentes o del dictamen de órganos consultivos.
b) Los actos que limiten derechos subjetivos o intereses legítimos.
c) Los actos que resuelvan procedimientos de revisión de oficio de disposiciones o actos administrativos, recursos administrativos y procedimientos de arbitraje y los que declaren su inadmisión.
d) Todas las respuestas son correctas.

20. Según pongan fin al expediente administrativo o formen parte del mismo, como una fase del mismo, sin tener carácter resolutivo, los actos administrativos se clasifican en:

a) Actos definitivos y actos de trámite.
b) Actos propios y actos impropios.
c) Actos básicos y actos de trámite.
d) Actos únicos y actos múltiples.

En MADTEST tienes **más preguntas de este tema**, y todos tus avances quedan registrados y se reflejan en el ranking.

¡Supera tus límites con MADTEST!

Solución al test n.º 6

1. d) Cuando la ley lo prescriba.

2. d) Todos los anteriores deben motivarse.

3. c) Los motivos en que se basa la decisión.

4. d) Las respuestas a) y c) son correctas.

5. d) No se lesionen derechos de otras personas.

6. c) Puede ser objeto de impugnación por el particular.

7. a) Mayor de catorce años.

8. c) Funcional y territorial.

9. a) Irregular.

10. b) Hayan transcurrido diez días naturales desde la puesta a disposición de la notificación sin que se acceda a su contenido.

11. d) Siempre.

12. b) No impide su ejecutividad una vez efectuada.

13. c) Pueden establecerse expresamente por una disposición con rango de ley.

14. d) Pueden dar lugar a la anulabilidad si producen indefensión.

15. a) Si el vicio consiste en incompetencia jerárquica.

16. c) Incompetencia funcional.

17. a) El incumplimiento de la condición resolutoria a que pudiera estar sujeto.

18. c) Formal.

19. d) Todas las respuestas son correctas.

20. a) Actos definitivos y actos de trámite.

La Ley del Procedimiento Administrativo Común de las Administraciones Públicas (IV): disposiciones sobre el procedimiento administrativo común (iniciación, ordenación, instrucción y finalización)

1. Señala qué recurso cabe contra el acuerdo de acumulación de procedimientos administrativos:

a) Recurso de alzada.
b) Recurso extraordinario de revisión.
c) Recurso de reposición, en el plazo de un mes.
d) Ningún recurso.

2. ¿Cuándo se iniciarán de oficio los procedimientos?

a) Por denuncia.
b) Por acuerdo del órgano competente.
c) Por propia iniciativa.
d) Todas las respuestas son correctas.

3. Señala la respuesta incorrecta respecto al inicio del procedimiento por denuncia:

a) Las denuncias deberán expresar la identidad de la persona o personas que las presentan y el relato de los hechos que se ponen en conocimiento de la Administración.
b) La presentación de una denuncia confiere, por sí sola, la condición de interesado en el procedimiento.
c) Cuando la denuncia invocara un perjuicio en el patrimonio de las Administraciones Públicas la no iniciación del procedimiento deberá ser motivada y se notificará a los denunciantes la decisión de si se ha iniciado o no el procedimiento.
d) Se entiende por denuncia el acto por el que cualquier persona, en cumplimiento o no de una obligación legal, pone en conocimiento de un órgano administrativo la existencia de un determinado hecho que pudiera justificar la iniciación de oficio de un procedimiento administrativo.

4. ¿En qué caso se podrá imponer una sanción sin que se haya tramitado el oportuno procedimiento?

a) En casos de urgente necesidad.

b) En situaciones excepcionales, como por ejemplo, situaciones de crisis sanitarias o epidemias.

c) Las respuestas a) y b) son correctas.

d) En ningún caso.

5. ¿Cuál de los siguientes datos no es necesario que figure en las solicitudes de iniciación del procedimiento por parte de los interesados?

a) Número de teléfono.

b) Hechos, razones y petición en que se concrete, con toda claridad, la solicitud.

c) Órgano, centro o unidad administrativa a la que se dirige y su correspondiente código de identificación.

d) Firma del solicitante o acreditación de la autenticidad de su voluntad expresada por cualquier medio.

6. Los documentos que los interesados dirijan a los órganos de las Administraciones Públicas podrán presentarse:

a) En las oficinas de Correos, en la forma que reglamentariamente se establezca.

b) En el registro electrónico de la Administración u Organismo al que se dirijan.

c) En las representaciones diplomáticas u oficinas consulares de España en el extranjero.

d) Todas las respuestas son correctas.

7. Los interesados solo podrán solicitar el inicio de un procedimiento de responsabilidad patrimonial, cuando no haya prescrito su derecho a reclamar. El derecho a reclamar prescribirá:

a) Al año de producido el hecho o el acto que motive la indemnización o se manifieste su efecto lesivo.

b) A los dos años de producido el hecho o el acto que motive la indemnización o se manifieste su efecto lesivo.

c) A los cinco años de producido el hecho o el acto que motive la indemnización o se manifieste su efecto lesivo.

d) Este derecho no prescribe.

8. ¿De acuerdo con qué principio se acordarán en un solo acto todos los trámites que, por su naturaleza, admitan un impulso simultáneo y no sea obligado su cumplimiento sucesivo?

a) Con el principio de oficialidad.

b) Con el principio de eficacia.

c) Con el principio de simplificación administrativa.
d) Con el principio de rapidez administrativa.

9. Salvo en el caso de que en la norma correspondiente se fije plazo distinto, los trámites que deban ser cumplimentados por los interesados deberán realizarse en el plazo de:

a) Siete días a partir del siguiente al de la notificación del correspondiente acto.
b) Diez días a partir del siguiente al de la notificación del correspondiente acto.
c) Quince días a partir del siguiente al de la notificación del correspondiente acto.
d) Un mes a partir del siguiente al de la notificación del correspondiente acto.

10. En cualquier momento del procedimiento, cuando la Administración considere que alguno de los actos de los interesados no reúne los requisitos necesarios, lo pondrá en conocimiento de su autor, concediéndole un plazo para cumplimentarlo:

a) De cinco días.
b) De siete días.
c) De diez días.
d) De veinte días.

11. Cuando la Administración no tenga por ciertos los hechos alegados por los interesados o la naturaleza del procedimiento lo exija, el instructor del mismo acordará la apertura de un período de prueba, a fin de que puedan practicarse cuantas juzgue pertinentes, por un plazo:

a) No superior a treinta días ni inferior a diez.
b) No superior a treinta días ni inferior a quince.
c) No superior a veinte días ni inferior a diez.
d) No superior a veinte días ni inferior a cinco.

12. Salvo disposición expresa en contrario, los informes serán:

a) Vinculantes.
b) Vinculantes y facultativos.
c) Facultativos y no vinculantes.
d) Nunca facultativos.

13. En el caso de los procedimientos de responsabilidad patrimonial será preceptivo solicitar informe al servicio cuyo funcionamiento haya ocasionado la presunta lesión indemnizable, no pudiendo exceder el plazo de su emisión de:

a) Diez días.
b) Quince días.

c) Veinte días.
d) Un mes.

14. ¿Cómo se denomina el conjunto ordenado de documentos y actuaciones que sirven de antecedente y fundamento a la resolución administrativa, así como las diligencias encaminadas a ejecutarla?

a) Dosier administrativo.
b) Acto administrativo.
c) Expediente administrativo.
d) Procedimiento administrativo.

15. Con arreglo al artículo 74 LPACAP, las cuestiones incidentales que se susciten en el procedimiento, incluso las que se refieran a la nulidad de actuaciones:

a) Suspenderán la tramitación del procedimiento.
b) No suspenderán la tramitación del procedimiento, salvo la recusación.
c) No suspenderán la tramitación del procedimiento en ningún caso.
d) Siempre que lo estime oportuno el instructor del procedimiento, y así lo motive suficientemente, suspenderá la tramitación del procedimiento.

16. ¿Cuándo podrán los interesados aducir alegaciones y aportar documentos u otros elementos de juicio?

a) En cualquier momento.
b) En cualquier momento del procedimiento posterior al trámite de audiencia.
c) En cualquier momento del procedimiento anterior al trámite de audiencia.
d) Únicamente cuando lo autorice el instructor del procedimiento.

17. Señala la respuesta incorrecta respecto a los medios y período de prueba:

a) El instructor del procedimiento solo podrá rechazar las pruebas propuestas por los interesados cuando sean manifiestamente improcedentes o innecesarias, sin necesidad de resolución motivada.
b) En los procedimientos de carácter sancionador, los hechos declarados probados por resoluciones judiciales penales firmes vincularán a las Administraciones Públicas respecto de los procedimientos sancionadores que substancien.
c) Cuando la prueba consista en la emisión de un informe de un órgano administrativo, organismo público o Entidad de derecho público, se entenderá que este tiene carácter preceptivo.
d) Cuando la valoración de las pruebas practicadas pueda constituir el fundamento básico de la decisión que se adopte en el procedimiento, por ser pieza imprescindible para la correcta evaluación de los hechos, deberá incluirse en la propuesta de resolución.

18. Cuando lo considere necesario, el instructor, a petición de los interesados, podrá decidir la apertura de un período extraordinario de prueba por un plazo:

a) No superior a diez días.
b) No superior a quince días.
c) No superior a veinte días.
d) No superior a un mes.

19. Salvo que una disposición o el cumplimiento del resto de los plazos del procedimiento permita o exija otro plazo mayor o menor, los informes serán emitidos en el plazo de:

a) Diez días.
b) Quince días.
c) Veinte días.
d) Un mes.

20. ¿De qué plazo disponen los interesados para alegar y presentar los documentos y justificaciones que estimen pertinentes?

a) De un plazo no inferior a cinco días ni superior a diez.
b) De un plazo no inferior a diez días ni superior a quince.
c) De un plazo no inferior a diez días ni superior a veinte.
d) De un plazo no inferior a diez días ni superior a un mes.

En MADTEST tienes **más preguntas de este tema**, y todos tus avances quedan registrados y se reflejan en el ranking.

¡Supera tus límites con MADTEST!

Solución al test n.º 7

1. d) Ninguno de los recursos anteriores.

2. d) Todas las respuestas son correctas.

3. b) La presentación de una denuncia confiere, por sí sola, la condición de interesado en el procedimiento.

4. d) En ningún caso.

5. a) Número de teléfono.

6. d) Todas las respuestas son correctas.

7. a) Al año de producido el hecho o el acto que motive la indemnización o se manifieste su efecto lesivo.

8. c) Con el principio de simplificación administrativa.

9. b) Diez días a partir del siguiente al de la notificación del correspondiente acto.

10. c) De diez días.

11. a) No superior a treinta días ni inferior a diez.

12. c) Facultativos y no vinculantes.

13. a) Diez días.

14. c) Expediente administrativo.

15. b) No suspenderán la tramitación del procedimiento, salvo la recusación.

16. c) En cualquier momento del procedimiento anterior al trámite de audiencia.

17. a) El instructor del procedimiento solo podrá rechazar las pruebas propuestas por los interesados cuando sean manifiestamente improcedentes o innecesarias, sin necesidad de resolución motivada.

18. a) No superior a diez días.

19. a) Diez días.

20. b) De un plazo no inferior a diez días ni superior a quince.

TEST N.º 8

La Ley del Procedimiento Administrativo Común de las Administraciones Públicas (V): revisión de los actos en vía administrativa. Revisión de oficio y recursos administrativos

1. El recurso de alzada contra actos que no agotan la vía administrativa es:

a) Extraordinario.
b) La regla general.
c) Especial.
d) Inexistente.

2. La *reformatio in peius*, en materia de recursos:

a) Se admite como regla general.
b) Solo se permite en materia sancionadora.
c) Se admite cuando el recurso está claramente infundado.
d) Está expresamente prohibida.

3. Cuando hayan de tenerse en cuenta nuevos hechos o documentos no recogidos en el expediente originario, se pondrán de manifiesto a los interesados para que formulen las alegaciones que estimen procedentes, en un plazo:

a) No inferior a diez días ni superior a quince.
b) De veinte días.
c) No inferior a cinco días ni superior a veinte.
d) De treinta días.

4. La resolución de un recurso:

a) Debe circunscribirse a lo solicitado por el recurrente.
b) Resolverá cuantas cuestiones se deduzcan del expediente.
c) No es necesario que se motive.
d) Debe aceptar las razones en que se fundamente el propio recurso.

5. Si el acto fuera expreso, el plazo para la interposición del recurso de reposición será de:

a) Tres meses.
b) Diez días.
c) Quince días.
d) Un mes.

6. El recurso de alzada contra actos que no agotan la vía administrativa es:

a) Extraordinario.
b) La regla general.
c) Especial.
d) Inexistente.

7. El recurso de reposición contra actos que no agotan la vía administrativa es:

a) Ordinario.
b) Extraordinario.
c) Especial.
d) Inexistente.

8. La resolución presunta del recurso de alzada se dará, si no recae resolución, al/a los:

a) Quince días de interponerlo.
b) Mes de su interposición.
c) Tres meses desu interposición.
d) En cualquier momento a partir del día siguiente a aquel en que, de acuerdo con su normativa específica, se produzcan los efectos del silencio administrativo.

9. El silencio administrativo en el recurso de alzada puede ser positivo en el siguiente caso:

a) Cuando el recurso se presentó contra un acto presunto desestimatorio de la solicitud del ciudadano.
b) Cuando perjudique al ciudadano.
c) Siempre que beneficie al interés público.
d) En ningún supuesto es positivo.

10. Para plantear un recurso administrativo:

a) Hay que tener capacidad jurídica, sin requerirse la capacidad de obrar.
b) Basta con la capacidad de obrar.
c) Se requiere, siempre, ser titular de un derecho subjetivo afectado por el acto que se recurre.
d) Puede hacerlo quien ostente la condición de interesado.

11. Cuando una persona interpone un recurso de alzada denominándolo como recurso de revisión:

a) Deberá desestimarse el recurso por improcedente.
b) Deberá notificársele el error para que lo subsane.
c) No se admitirá el recurso.
d) Deberá resolverse, si del propio recurso se deduce su carácter.

12. Como consecuencia del principio de congruencia, al resolver un recurso, la Administración Pública:

a) Podrá agravar la situación inicial del recurrente.
b) Deberá ajustarse a las peticiones del recurrente.
c) Lo desestimará, manteniendo el acto administrativo.
d) Solo decidirá sobre las cuestiones planteadas por el recurrente sin entrar en otras que deriven del procedimiento.

13. Entre los límites de la revisión de los actos administrativos se encuentra:

a) La prescripción de la acción.
b) Su ilegalidad manifiesta.
c) Que atente a derechos subjetivos.
d) Que incurra en nulidad de pleno derecho.

14. El recurso de revisión es:

a) Unitario.
b) Ordinario.
c) Especial.
d) Extraordinario.

15. Contra los actos dictados por un Tribunal de Oposiciones:

a) No cabe recurso alguno.
b) Puede presentarse recurso de alzada ante su Presidente.
c) El recurso de alzada debe entablarse ante la autoridad que nombró al Presidente.
d) Solo es posible el recurso de revisión.

16. No es motivo bastante para interponer un recurso de revisión que:

a) Se haya incurrido en manifiesto error de hecho al dictar el acto.
b) Hubiere mediado cohecho en la resolución.
c) Se haya dictado por órgano manifiestamente incompetente.
d) Hayan influido documentos declarados falsos por sentencia judicial firme.

17. Para que pueda entablarse un recurso extraordinario de revisión por error de hecho, este:

a) Ha de ser declarado por sentencia judicial firme.
b) Ha de haberse adoptado por cohecho.
c) Ha de derivar de documentos habidos en el expediente.
d) Nada de lo anterior es cierto.

18. La revocación por la Administración Pública de un acto administrativo de gravamen o no declarativo de derechos:

a) Ha de efectuarse a instancia de los particulares.
b) Está prohibida.
c) Se podrá revocar mientras que no haya transcurrido el plazo de prescripción, siempre que no constituya dispensa o exención no permitida por las leyes, o sea contraria al principio de igualdad, al interés público o al ordenamiento jurídico.
d) Requiere previo dictamen del Consejo de Estado.

19. En la Administración Local (en concreto, en un Ayuntamiento), la declaración de lesividad de un acto se efectúa a través del/de la:

a) Presidente de la Corporación Local.
b) Junta de Gobierno Local.
c) Pleno.
d) Cualquiera de los anteriores.

20. Un acto anulable, ¿puede ser revisado de oficio por la Administración Pública, una vez transcurridos cuatro años desde que se dictó?

a) Sí, cuando así lo dictamine el Consejo de Estado.
b) No.
c) Sí, cuando incurra en nulidad de pleno derecho y así lo dictamine el Consejo de Estado.
d) Sí, cuando la ilegalidad sea manifiesta y así lo dictamine el Consejo de Estado.

En MADTEST tienes **más preguntas de este tema**, y todos tus avances quedan registrados y se reflejan en el ranking.

¡Supera tus límites con MADTEST!

Solución al test n.º 8

1. b) La regla general.

2. d) Está expresamente prohibida.

3. a) No inferior a diez días ni superior a quince.

4. b) Resolverá cuantas cuestiones se deduzcan del expediente.

5. d) Un mes.

6. b) La regla general.

7. d) Inexistente.

8. c) Tres meses de su interposición.

9. a) Cuando el recurso se presentó contra un acto presunto desestimatorio de la solicitud del ciudadano.

10. d) Puede hacerlo quien ostente la condición de interesado.

11. d) Deberá resolverse, si del propio recurso se deduce su carácter.

12. b) Deberá ajustarse a las peticiones del recurrente.

13. a) La prescripción de la acción.

14. d) Extraordinario.

15. c) El recurso de alzada debe presentarse ante la autoridad que nombró al Presidente.

16. c) Se haya dictado por órgano manifiestamente incompetente.

17. c) Ha de derivar de documentos habidos en el expediente.

18. c) Se podrá revocar mientras que no haya transcurrido el plazo de prescripción, siempre que no constituya dispensa o exención no permitida por las leyes, o sea contraria al principio de igualdad, al interés público o al ordenamiento jurídico.

19. c) Pleno.

20. b) No.

TEST N.º 9

Los contratos del sector público: delimitación de los tipos contractuales. Competencias en materia de contratación en las Entidades Locales. Normas específicas de contratación pública en las Entidades Locales

1. La contratación administrativa en el sector público viene regulada por:

a) La Ley 9/2017, de 8 de noviembre.
b) La Ley 6/2017, de 24 de octubre.
c) La Ley 3/2017, de 27 de junio.
d) La Ley 4/2017, de 25 de septiembre.

2. Los contratos que tienen por objeto la adquisición, el arrendamiento financiero, o el arrendamiento, con o sin opción de compra, de productos o bienes muebles, son:

a) Contratos de servicios.
b) Contratos de suministro.
c) Contratos de obras.
d) Contratos de gestión de servicios públicos.

3. No se consideran contratos de suministros:

a) Aquellos en los que el empresario se obligue a entregar una pluralidad de bienes de forma sucesiva y por precio unitario sin que la cuantía total se defina con exactitud al tiempo de celebrar el contrato, por estar subordinadas las entregas a las necesidades del adquirente.

b) Los que tengan por objeto la adquisición y el arrendamiento de equipos y sistemas de telecomunicaciones o para el tratamiento de la información, sus dispositivos y programas, y la cesión del derecho de uso de estos últimos.

c) Los de adquisición de programas de ordenador desarrollados a medida.

d) Los de fabricación, por los que la cosa o cosas que hayan de ser entregadas por el empresario deban ser elaboradas con arreglo a características peculiares fijadas previamente por la entidad contratante, aun cuando esta se obligue a aportar, total o parcialmente, los materiales precisos.

4. Están sujetos a regulación armonizada los contratos de obras y los contratos de concesión de obras públicas cuyo valor estimado sea igual o superior a:

a) 5.538.000 euros.
b) 6.581.000 euros.
c) 8.615.000 euros.
d) 1.861.000 euros.

5. Conforme al artículo 1.3 de la Ley 9/2017, siempre que guarde relación con el objeto del contrato, en toda contratación pública se incorporarán de manera transversal y preceptiva criterios sociales y:

a) Divulgativos.
b) Comunitarios.
c) Medioambientales.
d) Judiciales.

6. Conforme al artículo 3.4 de la Ley 9/2017, los partidos políticos, cuando cumplan los requisitos para ser poder adjudicador y respecto de los contratos sujetos a regulación armonizada, deberán actuar conforme a los principios de publicidad, concurrencia, transparencia, igualdad y:

a) No discriminación.
b) Eficacia.
c) Sometimiento a las leyes.
d) Legitimidad.

7. En virtud de la Ley 9/2017 (art. 6.1.a), se presumirá que las entidades intervinientes en un convenio tienen vocación de mercado cuando realicen en el mercado abierto un porcentaje de las actividades objeto de colaboración igual o superior a:

a) El 10 %.
b) El 20 %.
c) El 50 %.
d) El 30 %.

8. Los contratos que tengan por objeto la adquisición de energía primaria o energía transformada se consideran:

a) Contratos de concesión de servicios.
b) Contratos de suministros.
c) Contratos privados.
d) Contratos de servicios.

9. Deberá elaborarse un proyecto y tramitarse como la Ley 9/2017 dispone para los contratos de obras, el contrato mixto en que un elemento del contrato sea una obra y esta supere:

a) Los 50.000 euros.
b) Los 100.000 euros.
c) Los 5.000 euros.
d) Los 10.000 euros.

10. No podrán ser objeto de los contratos de servicios:

a) Los que impliquen ejercicio de la autoridad inherente a los poderes públicos.
b) Los que impliquen el desarrollo o mantenimiento de aplicaciones informáticas.
c) Los que tengan por objeto el desarrollo y la puesta a disposición de productos protegidos por un derecho de propiedad intelectual o industrial.
d) Los que tengan por objeto la prestación de actividades docentes en centros del sector público desarrolladas en forma de cursos de formación o perfeccionamiento del personal al servicio de la Administración.

11. Se consideran sujetos a regulación armonizada los contratos:

a) Relativos al tiempo de radiodifusión o al suministro de programas que sean adjudicados a proveedores del servicio de comunicación audiovisual o radiofónica.
b) De concesión adjudicados para la puesta a disposición o la explotación de redes fijas destinadas a prestar un servicio al público en relación con la producción, el transporte o la distribución de agua potable.
c) De concesión de obras cuyo valor estimado sea igual o superior a 5.538.000 euros.
d) Que tengan por objeto los servicios de certificación y autenticación de documentos que deban ser prestados por un notario público.

12. Para la Directiva 2014/23/UE, de 26 de febrero de 2014, relativa a la adjudicación de contratos de concesión, el criterio delimitador del contrato de concesión de servicios respecto del contrato de servicios es:

a) La cuantificación del coste.
b) Quién asume el riesgo operacional.
c) La exigencia o no de la clasificación del empresario.
d) La publicación en boletín oficial.

13. Según el art. 13.3 de la Ley 9/2017, de 8 de noviembre, de Contratos del Sector Público, los contratos de obras se referirán:

a) A una obra completa.
b) A una superficie acotada.
c) A un área concreta.
d) A un plan urbanístico determinado.

14. Según el artículo 3.2. de la LCSP, tienen la consideración de Administración Pública:

a) Las autoridades administrativas independientes.
b) Las fundaciones públicas.
c) Las Mutuas colaboradoras con la Seguridad Social.
d) Las Entidades Públicas Empresariales.

15. ¿Qué tipo de contrato fue suprimido por la Ley 9/2017 de Contratos del Sector Público?

a) El contrato de servicios.
b) El contrato mixto.
c) El contrato de concesión de servicios.
d) El contrato de colaboración público-privada.

16. Se incluyen en el ámbito de aplicación de la Ley 9/2017 de Contratos del Sector Público:

a) La relación de servicio de los funcionarios públicos y los contratos regulados en la legislación laboral.
b) Los contratos que tengan por objeto servicios relacionados con campañas políticas, cuando sean adjudicados por una Administración Pública.
c) Los contratos relativos a servicios de arbitraje y conciliación.
d) Las relaciones jurídicas consistentes en la prestación de un servicio público cuya utilización por los usuarios requiera el abono de una tarifa, tasa o precio público de aplicación general.

17. Los contratos de servicios se sujetarán a regulación armonizada cuando teniendo por objeto los servicios sociales superen la siguiente cantidad:

a) 143.000 euros.
b) 221.000 euros.
c) 475.000 euros.
d) 750.000 euros.

18. No se consideran sujetos a regulación armonizada, cualquiera que sea su valor estimado, los contratos siguientes:

a) Los contratos de obras que tengan por objeto la construcción de hospitales, centros deportivos, recreativos o de ocio, edificios escolares o universitarios y edificios de uso administrativo.
b) Aquellos que tengan por objeto la representación y defensa legal de un cliente por un procurador o un abogado, ya sea en un arbitraje o una conciliación celebrada en un Estado o ante una instancia internacional de conciliación o arbitraje, o ya sea en un procedimiento judicial ante los órganos jurisdiccionales o las autoridades públicas de un Estado o ante órganos jurisdiccionales o instituciones internacionales.

c) Los que tengan por objeto servicios sociales.

d) Los adjudicados por órganos de contratación que pertenezcan al sector de la defensa.

19. Los contratos celebrados por entidades del sector público que siendo poder adjudicador no reúnan la condición de Administraciones Públicas, tienen la consideración de:

a) Contratos administrativos.

b) Contratos privados.

c) Contratos administrativos especiales.

d) Contratos mixtos.

20. De acuerdo con el artículo 26 de la Ley 9/2017, de contratos del Sector Público, los contratos privados que celebren las administraciones públicas se regirán por el derecho privado, en cuanto a:

a) Su preparación y adjudicación.

b) Sus efectos, modificación y extinción.

c) Su preparación, adjudicación y extinción.

d) Ninguna de las anteriores respuestas es correcta ya que se regirán, en defecto de normas específicas, por la presente ley.

En MADTEST tienes **más preguntas de este tema**, y todos tus avances quedan registrados y se reflejan en el ranking.

¡Supera tus límites con MADTEST!

Solución al test n.º 9

1. a) La Ley 9/2017, de 8 de noviembre.

2. b) Contratos de suministro.

3. c) Los de adquisición de programas de ordenador desarrollados a medida.

4. a) 5.538.000 euros.

5. c) Medioambientales.

6. a) No discriminación.

7. b) El 20 %.

8. b) Contratos de suministros.

9. a) Los 50.000 euros.

10. a) Los que impliquen ejercicio de la autoridad inherente a los poderes públicos.

11. c) De concesión de obras cuyo valor estimado sea igual o superior a 5.538.000 euros.

12. b) Quién asume el riesgo operacional.

13. a) A una obra completa.

14. a) Las autoridades administrativas independientes.

15. d) El contrato de colaboración público-privada.

16. b) Los contratos que tengan por objeto servicios relacionados con campañas políticas, cuando sean adjudicados por una Administración Pública.

17. d) 750.000 euros.

18. b) Aquellos que tengan por objeto la representación y defensa legal de un cliente por un procurador o un abogado, ya sea en un arbitraje o una conciliación celebrada en un Estado o ante una instancia internacional de conciliación o arbitraje, o ya sea en un procedimiento judicial ante los órganos jurisdiccionales o las autoridades públicas de un Estado o ante órganos jurisdiccionales o instituciones internacionales.

19. b) Contratos privados.

20. b) Sus efectos, modificación y extinción.

TEST N.º 10

Los bienes de las entidades locales: bienes de dominio público y bienes patrimoniales

1. Según la Ley del Patrimonio de las Administraciones Públicas, el patrimonio de las Administraciones Públicas está constituido por:

a) El conjunto de bienes y derechos, cualquiera que sea su naturaleza y el título de su adquisición.
b) El dinero.
c) Los valores.
d) Los créditos y los demás recursos financieros de su hacienda.

2. Por razón del régimen jurídico al que están sujetos, los bienes y derechos que integran el patrimonio de las Administraciones Públicas pueden ser:

a) De dominio público o patrimoniales y de dominio privado.
b) De dominio público y de dominio privado o demaniales.
c) De dominio público y de dominio privado.
d) Demaniales y comunales.

3. Tienen la consideración de bienes comunales:

a) Aquellos cuyo aprovechamiento corresponda al común de los vecinos.
b) Aquellos cuyo aprovechamiento corresponda al común de los ciudadanos.
c) Aquellos cuyo aprovechamiento corresponda al común de los residentes.
d) Los destinados a un uso o servicio público.

4. Los bienes comunales solo podrán pertenecer:

a) Al municipio.
b) Al municipio y a las Entidades Locales Menores.
c) Al municipio y a la provincia.
d) Al patrimonio del Estado.

5. Según el artículo 132 de la Constitución Española, los bienes de dominio público:

a) Se inspiran en los principios de inalienabilidad, imprescriptibilidad e inembargabilidad.
b) Se encuentran inspirados en los principios de preferencia, dominio y generalidad.
c) Se ajustan a los principios de desafectación e inalienabilidad.
d) Se inspiran en los principios de no sujeción a tributo alguno e inembargabilidad.

6. De conformidad con el artículo 6 de la Ley del Patrimonio de las Administraciones Públicas no es un principio al que se ajusta la gestión y administración de los bienes y derechos demaniales:

a) Dedicación preferente al uso común frente a su uso privativo.
b) Simplicidad y máxima celeridad.
c) Identificación y control a través de inventarios o registros adecuados.
d) Cooperación y colaboración entre las Administraciones Públicas en el ejercicio de sus competencias sobre el dominio público.

7. Son bienes de uso público local:

a) Las aguas de fuentes y estanques.
b) Los puentes y demás obras públicas de aprovechamiento.
c) Las Casas Consistoriales.
d) Las respuestas a) y b) son correctas.

8. Son bienes de servicio público:

a) Los Palacios Provinciales.
b) Los destinados al cumplimiento de fines públicos de responsabilidad de las Entidades Locales.
c) Las plazas, calles, paseos.
d) Las respuestas a) y b) son correctas.

9. Las Administraciones Públicas no podrán adquirir bienes y derechos:

a) Por herencia, legado o donación.
b) Por prescripción.
c) Por usurpación.
d) Por atribución de la ley.

10. Cuando un Ayuntamiento adquiera un bien a título oneroso se exigirá:

a) Informe previo pericial y acuerdo de la Corporación si se trata de valores mobiliarios.
b) Informe previo del órgano estatal o autonómico competente si se trata de bienes de carácter histórico y artístico, y excedan del 1 por 100 de los recursos ordinarios del Presupuesto de la Corporación.
c) Autorización de la Comunidad Autónoma respectiva si se trata de bienes inmuebles.
d) Ninguna respuesta es correcta.

11. El uso común de los bienes de dominio público puede ser:

a) Uso normal si fuere conforme con el destino del dominio público.
b) Uso anormal si no fuere conforme con dicho destino.
c) Especial, que se da cuando concurren circunstancias singulares por la peligrosidad o intensidad del uso.
d) Uso privativo.

12. El uso privativo de un bien de dominio público implica:

a) La ocupación de la totalidad del dominio público de modo que limite o excluya la utilización de los demás interesados.
b) La ocupación perpetua de una parte del dominio público de modo que limite o excluya la utilización de los demás interesados. Se invitará al interesado a que retire el documento.
c) La ocupación de una parte del dominio público de modo que limite o excluya la utilización de los demás interesados.
d) La ocupación de una parte del dominio público siempre que los demás puedan seguir utilizándolo.

13. ¿Se pueden enajenar los bienes de dominio público?

a) Sí.
b) Es necesario que, previamente, se desafecten del uso o servicio público mediante el oportuno expediente de alteración de su calificación jurídica.
c) Los bienes de dominio público son inalienables.
d) Las respuestas b) y c) son correctas.

14. La alteración de la calificación jurídica de los bienes de las Entidades Locales requiere expediente en el que se acrediten:

a) Su oportunidad.
b) Su legalidad.
c) Su oportunidad y legalidad.
d) La conveniencia de la alteración.

15. La alteración de la calificación jurídica de los bienes de las Entidades Locales se produce automáticamente en el siguiente supuesto:

a) Cuando la Entidad adquiera por usucapión, con arreglo al Derecho Administrativo, el dominio de una cosa.
b) Adscripción de bienes patrimoniales por más de treinta años a un uso o servicio público o comunal.
c) Aprobación definitiva de los Planes de Ordenación Urbana y de los Proyectos de obras y servicios.
d) Adscripción de bienes patrimoniales por más de cinco años a un uso o servicio público o comunal.

16. No es una potestad de las Entidades Locales en defensa de sus bienes:

a) Deslindar en vía administrativa los inmuebles de su titularidad.
b) Conservarlos con la debida diligencia.
c) Recuperar de oficio la posesión indebidamente perdida.
d) Investigar la situación de los bienes.

17. La formación de inventario de los bienes:

a) Es obligatoria.
b) Es facultativa.
c) Se puede obviar en ciertos casos.
d) Solo es obligatoria en ciertos casos.

18. Las Administraciones Públicas deben inscribir en los correspondientes registros los bienes y derechos de su patrimonio:

a) Que sean susceptibles de inscripción.
b) Siempre.
c) En ningún caso.
d) En determinados casos.

19. Las Administraciones Públicas podrán deslindar los bienes inmuebles de su patrimonio de otros pertenecientes a terceros:

a) En los casos de fuerza mayor.
b) Cuando los límites entre ellos sean imprecisos o existan indicios de usurpación.
c) Cuando existan indicios de robo o hurto.
d) Cuando existan indicios de delito.

20. Si se trata de bienes y derechos patrimoniales, la recuperación de la posesión en vía administrativa requiere que la iniciación del procedimiento haya sido notificada antes de que transcurra:

a) El plazo de un año, contado desde el día siguiente al de la usurpación.
b) El plazo de dos años, contado desde el día siguiente al de la usurpación.
c) El plazo de cinco años, contado desde el día siguiente al de la usurpación.
d) El plazo de tres años, contado desde el día siguiente al de la usurpación.

En MADTEST tienes **más preguntas de este tema**, y todos tus avances quedan registrados y se reflejan en el ranking.

¡Supera tus límites con MADTEST!

Solución al test n.º 10

1. a) El conjunto de bienes y derechos, cualquiera que sea su naturaleza y el título de su adquisición.

2. c) De dominio público y de dominio privado.

3. a) Aquellos cuyo aprovechamiento corresponda al común de los vecinos.

4. b) Al municipio y a las Entidades Locales Menores.

5. a) Se inspiran en los principios de inalienabilidad, imprescriptibilidad e inembargabilidad.

6. b) Simplicidad y máxima celeridad.

7. d) Las respuestas a) y b) son correctas.

8. d) Las respuestas a) y b) son correctas.

9. c) Por usurpación.

10. b) Informe previo del órgano estatal o autonómico competente si se trata de bienes de carácter histórico y artístico, y excedan del 1 por 100 de los recursos ordinarios del Presupuesto de la Corporación.

11. c) Especial, que se da cuando concurren circunstancias singulares por la peligrosidad o intensidad del uso.

12. c) La ocupación de una parte del dominio público de modo que limite o excluya la utilización de los demás interesados.

13. d) La respuesta b) y c) son correctas.

14. c) Su oportunidad y legalidad.

15. c) Aprobación definitiva de los Planes de Ordenación Urbana y de los Proyectos de obras y servicios.

16. b) Conservarlos con la debida diligencia.

17. a) Es obligatoria.

18. a) Que sean susceptibles de inscripción.

19. b) Cuando los límites entre ellos sean imprecisos o existan indicios de usurpación.

20. a) El plazo de un año, contado desde el día siguiente al de la usurpación.

La actividad de las entidades Locales. Policía. El fomento. El servicio público local y sus formas de gestión

1. Las Entidades Locales podrán intervenir la actividad de los ciudadanos a través de los siguientes medios:

a) Sometimiento a comunicación previa o a declaración responsable.
b) Órdenes individuales constitutivas de mandato para la ejecución de un acto o la prohibición del mismo.
c) Sometimiento a previa licencia y otros actos de control preventivo.
d) Todas son correctas.

2. Podrá exigirse una licencia u otro medio de control preventivo respecto a aquellas actividades económicas:

a) Cuando esté justificado por razones de orden público.
b) Cuando esté justificado por razones de seguridad nacional.
c) Cuando esté justificado por razones de salud pública.
d) Las respuestas a) y c) son correctas.

3. Se entenderá por declaración responsable:

a) Aquel documento mediante el que los interesados ponen en conocimiento de la Administración Pública competente sus datos identificativos o cualquier otro dato relevante para el inicio de una actividad o el ejercicio de un derecho.
b) El documento suscrito por un interesado en el que este manifiesta, bajo su responsabilidad, que cumple con los requisitos establecidos en la normativa vigente para obtener el reconocimiento de un derecho o facultad o para su ejercicio.
c) El documento suscrito por un interesado en el que este manifiesta, bajo su responsabilidad, que ha adquirido todos los derechos necesarios para el ejercicio de una actividad.
d) El documento suscrito por un interesado en el que este manifiesta, bajo su responsabilidad, que ya ha pasado todos los controles exigidos en la normativa para el ejercicio de una actividad.

4. Determinará la imposibilidad de continuar con el ejercicio del derecho o actividad afectada por una declaración responsable desde el momento en que se tenga constancia de:

a) La inexactitud, falsedad u omisión de cualquier dato o información.
b) La inexactitud, de carácter esencial, de cualquier dato o información.
c) La omisión de cualquier dato o información de carácter esencial.
d) Las respuestas b) y c) son correctas.

5. No serán transmisibles:

a) Las licencias relativas a las condiciones de una obra.
b) Las licencias concernientes al ejercicio de actividades sobre bienes de dominio público.
c) Las licencias relativas a las condiciones de una instalación.
d) Las licencias cuando el número de las otorgables fuere limitado.

6. Las solicitudes de licencias municipales, según establece el artículo 9 del Reglamento de Servicios de Corporaciones Locales:

a) Deberá acompañarse proyecto técnico con ejemplares para cada uno de los organismos que hubieren de informar la petición, si se refieren al ejercicio de actividades.
b) Se presentarán en el Registro General del Estado.
c) Se presentarán por triplicado.
d) Deberá acompañarse proyecto técnico con ejemplares para cada uno de los organismos que hubieren de informar la petición, si se refieren a ejecución de obras o instalaciones.

7. En relación con los organismos autónomos locales, establece el artículo 85 bis de la Ley 7/1985:

a) El titular del máximo órgano de dirección de los mismos deberá ser un funcionario de carrera o laboral de las Administraciones Públicas.
b) Su creación, modificación, refundición y supresión corresponderá a la Junta de Gobierno de la Entidad Local.
c) Deberá existir un consejo de orden consultivo.
d) Su inventario de bienes y derechos se remitirá mensualmente a la concejalía, área u órgano equivalente de la Entidad Local.

8. La Ley de Bases de Régimen Local no recoge la declaración de reserva en favor de las Entidades Locales del siguiente servicio:

a) Aprovechamiento de residuos.
b) Matadero.
c) Abastecimiento domiciliario y depuración de aguas.
d) Transporte público de viajeros.

9. El derecho a ser indemnizados por toda lesión que sufran en sus bienes y derechos como consecuencia del funcionamiento normal o anormal de los servicios públicos se reconoce a:

a) Los particulares.
b) Las personas jurídicas.
c) Los ciudadanos.
d) Las Administraciones.

10. ¿Cómo ha de ser el daño alegado en las reclamaciones de responsabilidad patrimonial?

a) Efectivo, evaluable económicamente e individualizado con relación con una persona o grupo de personas.
b) Directo y resarcible.
c) Susceptible de valoración y demostrable.
d) Debe producir consecuencias negativas en la actividad de la persona dañada.

11. No serán indemnizables los daños:

a) Que el particular no tenga el deber jurídico de soportar de acuerdo con la ley.
b) Producidos por fuerza mayor.
c) Producidos por circunstancias evitables.
d) Producidos por un hecho superable.

12. Si el daño que ha sufrido el particular se ha producido por dolo, culpa o negligencia grave de la autoridad o empleado público:

a) La Administración correspondiente, cuando hubiere indemnizado a los lesionados, les exigirá de oficio en vía administrativa la responsabilidad en que hubieran incurrido.
b) Una vez satisfecha la indemnización la Administración podrá exigir al empleado público su responsabilidad.
c) La Administración correspondiente le pedirá el dinero para después pagar al reclamante.
d) La Administración no exigirá al empleado público su responsabilidad.

13. En el régimen del Reglamento de Servicios de las Corporaciones Locales, el plazo que tiene la Comisión Provincial de Urbanismo, u órgano equivalente de la Comunidad Autónoma, para decidir sobre una licencia una vez que se ha denunciado la mora ante la misma es de:

a) Seis meses.
b) Diez días.
c) Dos meses.
d) Un mes.

14. Una licencia de obra menor, en el régimen del Reglamento de Servicios de las Corporaciones Locales, debe otorgarse en el plazo de:

a) Un día.
b) Un mes.
c) Dos meses.
d) Seis meses, si es actividad molesta.

15. En materia de licencias, en el régimen del Reglamento de Servicios de las Corporaciones Locales, para subsanar deficiencias, debe concederse al particular un plazo de:

a) Ocho días.
b) Diez días.
c) Quince días.
d) Veinte días.

16. La reserva en favor de una Entidad Local de actividades o servicios esenciales debe hacerse por:

a) Ley.
b) Reglamento estatal o autonómico.
c) Acuerdo del Pleno de la Entidad.
d) Ordenanza Municipal.

17. Con carácter general, el ejercicio de actividades no se someterá a la obtención de licencia u otro medio de control preventivo, salvo que:

a) El número de operadores económicos del mercado sea ilimitado.
b) Por legislación de la Comunidad Económica Europea la realización de actividades por los ciudadanos, no puedan someterse a la obtención de licencia, debiendo utilizarse únicamente la autorización previa.
c) Cuando esté justificado por razones de orden público, seguridad pública, salud pública o protección del medio ambiente en el lugar concreto donde se realiza la actividad, y estas razones no puedan salvaguardarse mediante la presentación de una declaración responsable o de una comunicación.
d) Ninguna es correcta.

18. Señala la respuesta incorrecta:

a) Las Entidades locales no podrán intervenir la actividad de los ciudadanos a través de Ordenanzas y bandos.
b) Las licencias o autorizaciones otorgadas por otras Administraciones Públicas no eximen a sus titulares de obtener las correspondientes licencias de las Entidades locales, respetándose en todo caso lo dispuesto en las correspondientes leyes sectoriales.

c) En caso de existencia de licencias o autorizaciones concurrentes entre una Entidad Local y otra Administración, la Entidad Local deberá motivar expresamente en la justificación de la necesidad de la autorización o licencia el interés general concreto que se pretende proteger y que este no se encuentra ya cubierto mediante otra autorización ya existente.

d) Todas son correctas.

19. Señala la respuesta incorrecta:

a) No podrán ser invocadas para excluir o disminuir la responsabilidad civil o penal en la que hubieren incurrido los beneficiarios en el ejercicio de sus actividades.

b) Cuando se permitiere la representación, el que la ejerciere deberá reunir las cualidades necesarias para conseguir por sí mismo una licencia y obtener la aprobación del Organismo que la hubiere otorgado.

c) Las licencias relativas a las condiciones de una obra o instalación no tendrán vigencia mientras subsistan aquellas.

d) Ninguna es incorrecta.

20. La comunicación previa o declaración responsable viene regulada:

a) En la Ley 7/1985.
b) En la Ley 40/2015.
c) En la Ley 39/2015.
d) En el Reglamento de Servicios de las Corporaciones Locales.

En MADTEST tienes **más preguntas de este tema**, y todos tus avances quedan registrados y se reflejan en el ranking.

¡Supera tus límites con MADTEST!

Solución al test n.º 11

1. d) Todas son correctas.

2. d) Las respuestas a) y c) son correctas.

3. b) El documento suscrito por un interesado en el que este manifiesta, bajo su responsabilidad, que cumple con los requisitos establecidos en la normativa vigente para obtener el reconocimiento de un derecho o facultad o para su ejercicio.

4. d) Las respuestas b) y c) son correctas.

5. d) Las licencias cuando el número de las otorgables fuere limitado.

6. d) Deberá acompañarse proyecto técnico con ejemplares para cada uno de los organismos que hubieren de informar la petición, si se refieren a ejecución de obras o instalaciones.

7. a) El titular del máximo órgano de dirección de los mismos deberá ser un funcionario de carrera o laboral de las Administraciones Públicas.

8. b) Matadero.

9. a) Los particulares.

10. a) Efectivo, evaluable económicamente e individualizado con relación con una persona o grupo de personas.

11. b) Producidos por fuerza mayor.

12. a) La Administración correspondiente, cuando hubiere indemnizado a los lesionados, les exigirá de oficio en vía administrativa la responsabilidad en que hubieran incurrido.

13. d) Un mes.

14. b) Un mes.

15. c) Quince días.

16. a) Ley.

17. c) Cuando esté justificado por razones de orden público, seguridad pública, salud pública o protección del medio ambiente en el lugar concreto donde se realiza la actividad, y estas razones no puedan salvaguardarse mediante la presentación de una declaración responsable o de una comunicación.

18. a) Las Entidades locales no podrán intervenir la actividad de los ciudadanos a través de Ordenanzas y bandos.

19. c) Las licencias relativas a las condiciones de una obra o instalación no tendrán vigencia mientras subsistan aquellas.

20. c) En la Ley 39/2015.

TEST N.º 12

La Ley reguladora de las Haciendas Locales (I): los recursos de las haciendas municipales

1. De conformidad con el artículo 142 de la Constitución Española:

a) Las Haciendas Locales deberán disponer de los medios suficientes para el desempeño de las funciones que la ley atribuye a las Corporaciones respectivas.

b) Las Haciendas Locales deberán disponer de los medios necesarios para el desempeño de las funciones que la ley atribuye a las Corporaciones respectivas.

c) Las Haciendas Locales deberán disponer de los medios suficientes para el desempeño de las necesidades que la ley atribuye a las Corporaciones respectivas.

d) Las Haciendas Locales deberán disponer de los medios suficientes para el desempeño de las actividades que la ley atribuye a las Corporaciones respectivas.

2. Según la Ley de Bases de Régimen Local:

a) Las Haciendas Locales se nutren, además de tributos propios y de las participaciones reconocidas en los del Estado y en los de las Comunidades Autónomas, de aquellos otros recursos que prevé la ley.

b) Las Haciendas Locales se nutren, además de tributos propios, de las participaciones reconocidas en los del Estado y en los de las Comunidades Autónomas.

c) Las Haciendas Locales se nutren, además de tributos propios, de las participaciones reconocidas en los del Estado.

d) Las Haciendas Locales se nutren, además de tributos propios, de las participaciones reconocidas en los de las Comunidades Autónomas.

3. Solo podrán establecerse prestaciones personales o patrimoniales de carácter público:

a) Con arreglo a la ley.
b) Con arreglo a la norma.
c) Con arreglo a los reglamentos.
d) Con arreglo a los Reales Decretos.

4. ¿Tienen las Entidades Locales potestad tributaria?

a) Sí, de carácter secundario.
b) Sí, de carácter primario.
c) No.
d) Solo la tiene el Estado.

5. La potestad reglamentaria de las Entidades Locales en materia tributaria se ejercerá a través de:

a) Ordenanzas Generales de Gestión, Recaudación e Inspección.
b) Ordenanzas Fiscales reguladoras de sus propios tributos.
c) Las respuestas anteriores son correctas.
d) Ordenanzas Fiscales reguladoras de las tarifas.

6. La Hacienda de las Entidades Locales estará constituida por los siguientes recursos:

a) Las subvenciones.
b) El producto de las operaciones de crédito.
c) El producto de las multas y sanciones.
d) Todas las respuestas son verdaderas.

7. ¿Qué ingresos tienen la consideración de derecho privado?

a) Las adquisiciones a título de herencia, legado o donación.
b) Los rendimientos o productos de cualquier naturaleza derivados del patrimonio.
c) Las adquisiciones mediante contratos.
d) Las respuestas a) y b) son correctas.

8. Tendrán la consideración de tasas las prestaciones patrimoniales que establezcan las Entidades locales por:

a) El coste de las obras.
b) La utilización privativa o el aprovechamiento especial del dominio público local.
c) Las actividades administrativas de toda clase.
d) Ninguna respuesta es correcta.

9. El importe de las contribuciones especiales no podrá exceder de:

a) 50 por 100 del coste de la obra que el Municipio soporte.
b) 90 por 100 del coste de la obra que el Municipio soporte.
c) 70 por 100 del coste de la obra que el Municipio soporte.
d) 80 por 100 del coste de la obra que el Municipio soporte.

10. Los Ayuntamientos podrán establecer y exigir el siguiente impuesto:

a) Impuesto sobre Bienes Inmuebles.
b) Impuesto sobre Vehículos de Tracción Mecánica.

c) Impuesto sobre el Incremento de Valor de los Terrenos de Naturaleza Urbana.
d) Impuesto sobre Actividades Económicas.

11. Las Entidades Locales podrán percibir subvenciones de toda índole con destino a sus obras y servicios:

a) Que no podrán ser aplicadas a atenciones distintas de aquellas para las que fueron otorgadas, salvo, en su caso, los sobrantes no reintegrables cuya utilización no estuviese prevista en la concesión.
b) Que no podrán ser aplicadas a atenciones distintas de aquellas para las que fueron otorgadas.
c) Que podrán ser aplicadas a atenciones distintas de aquellas para las que fueron otorgadas.
d) Que podrán ser aplicadas a atenciones distintas de aquellas para las que fueron otorgadas salvo, en su caso, los sobrantes no reintegrables.

12. Todas las operaciones financieras que suscriban las Corporaciones Locales están sujetas:

a) Al principio de anualidad.
b) Al principio de prudencia financiera.
c) Al principio de ejecución presupuestaria.
d) Al principio de especificación.

13. ¿Pueden las entidades locales acudir al crédito privado a largo plazo?

a) Sí, pudiendo instrumentarse a través de contratación de préstamos o créditos.
b) Sí, pudiendo instrumentarse a través de emisión de deuda privada.
c) Sí, pudiendo instrumentarse a través de conversión y sustitución total o parcial de operaciones futuras.
d) Todas las respuestas son verdaderas.

14. La prestación personal y de transporte podrá ser exigible:

a) Por los Ayuntamientos con población de derecho no superior a 3.000 habitantes.
b) Por los Ayuntamientos con población de derecho no superior a 4.000 habitantes.
c) Por las Entidades de ámbito inferior al municipio.
d) Por los Ayuntamientos con población de derecho no superior a 5.000 habitantes.

15. Es un impuesto facultativo para los Ayuntamientos:

a) Impuesto sobre Vehículos de Tracción Mecánica.
b) Impuesto sobre Actividades Económicas.
c) Impuesto sobre el Incremento de Valor de los Terrenos de Naturaleza Urbana.
d) Impuesto sobre Bienes Inmuebles.

16. Constituye el hecho imponible del Impuesto sobre Bienes Inmuebles la titularidad del siguiente derecho sobre los bienes inmuebles rústicos y urbanos:

a) De un derecho real de hipoteca.
b) De un derecho real de servidumbre.
c) De un derecho real de usufructo.
d) De un derecho real de prenda.

17. A los efectos del Impuesto sobre Bienes Inmuebles tendrán la consideración de bienes inmuebles rústicos, de bienes inmuebles urbanos y de bienes inmuebles de características especiales los definidos como tales en las normas reguladoras del:

a) Registro de la Propiedad.
b) Inventario municipal.
c) Catastro Inmobiliario.
d) Ninguna respuesta es correcta.

18. No están sujetos al Impuesto sobre Bienes Inmuebles, siempre que sean de aprovechamiento público y gratuito para los usuarios:

a) Los bienes de uso privado.
b) Los bienes del dominio público hidráulico.
c) Las carreteras.
d) Las respuestas b) y c) son correctas.

19. La base imponible del Impuesto sobre Bienes Inmuebles estará constituida por:

a) El valor catastral de los bienes inmuebles.
b) El valor real de los bienes inmuebles.
c) El valor estimado de los bienes inmuebles.
d) El valor de mercado de los bienes inmuebles.

20. La cuota íntegra del Impuesto sobre Bienes Inmuebles será el resultado de:

a) Aplicar al tipo de gravamen la base liquidable.
b) Aplicar a la base liquidable el tipo de gravamen.
c) Minorar la cuota en el importe de las bonificaciones previstas legalmente.
d) Minorar la cuota líquida.

En MADTEST tienes **más preguntas de este tema**, y todos tus avances quedan registrados y se reflejan en el ranking.

¡Supera tus límites con MADTEST!

Solución al test n.º 12

1. a) Las Haciendas Locales deberán disponer de los medios suficientes para el desempeño de las funciones que la ley atribuye a las Corporaciones respectivas.

2. a) Las Haciendas Locales se nutren, además de tributos propios y de las participaciones reconocidas en los del Estado y en los de las Comunidades Autónomas, de aquellos otros recursos que prevé la ley.

3. a) Con arreglo a la ley.

4. a) Sí, de carácter secundario.

5. c) Las respuestas anteriores son correctas.

6. d) Todas las respuestas son verdaderas.

7. d) Las respuestas a) y b) son correctas.

8. b) La utilización privativa o el aprovechamiento especial del dominio público local.

9. b) 90 por 100 del coste de la obra que el Municipio soporte.

10. c) Impuesto sobre el Incremento de Valor de los Terrenos de Naturaleza Urbana.

11. a) Que no podrán ser aplicadas a atenciones distintas de aquellas para las que fueron otorgadas, salvo, en su caso, los sobrantes no reintegrables cuya utilización no estuviese prevista en la concesión.

12. b) Al principio de prudencia financiera.

13. a) Sí, pudiendo instrumentarse a través de contratación de préstamos o créditos.

14. d) Por los Ayuntamientos con población de derecho no superior a 5.000 habitantes.

15. c) Impuesto sobre el Incremento de Valor de los Terrenos de Naturaleza Urbana.

16. c) De un derecho real de usufructo.

17. c) Catastro Inmobiliario.

18. d) Las respuestas b) y c) son correctas.

19. a) El valor catastral de los bienes inmuebles.

20. b) Aplicar a la base liquidable el tipo de gravamen.

TEST N.º 13

La Ley reguladora de las Haciendas Locales (II): el presupuesto de los municipios: (contenido, aprobación y ejecución). La aprobación del presupuesto municipal en la ley de capitalidad de Zaragoza

1. Los Presupuestos Generales de las Entidades Locales constituyen de acuerdo con el Texto Refundido de la Ley Reguladora de las Haciendas Locales:

a) La expresión de las obligaciones que, como máximo, pueden reconocer la Entidad y sus Organismos Autónomos.

b) La expresión cifrada, conjunta y sistemática de las obligaciones que, como máximo, pueden reconocer la Entidad y sus Organismos Autónomos.

c) La expresión cifrada, general y sistemática de las obligaciones que, como máximo, pueden reconocer la Entidad y sus Organismos Autónomos.

d) La expresión contable, conjunta y sistemática de las obligaciones que, como máximo, pueden reconocer la Entidad y sus Organismos Autónomos.

2. Las Entidades Locales elaborarán y aprobarán anualmente un Presupuesto General en el que se integrarán:

a) El Presupuesto de los organismos autónomos dependientes.

b) Los estados de previsión de gastos e ingresos de las Sociedades Mercantiles cuyo capital social pertenezca íntegramente a la Entidad Local.

c) Las respuestas a) y b) son correctas.

d) El presupuesto agregado de la propia Entidad.

3. El contenido mínimo de las Bases de Ejecución del Presupuesto deberá incluir:

a) Normas que regulen el procedimiento de ejecución del Presupuesto.

b) Regulación de las transferencias de créditos.

c) Niveles de vinculación jurídica de los créditos.

d) Todas respuestas son correctas.

4. ¿Qué norma regula la estructura de los Presupuestos de las Entidades Locales?

a) Orden EHA/3565/2006, de 3 de diciembre, por la que se aprueba la estructura de los Presupuestos de las Entidades Locales de los bienes de uso privado.

b) Orden EHA/3565/2008, de 3 de diciembre, por la que se aprueba la estructura de los Presupuestos de las Entidades Locales.

c) Orden de 20 de septiembre de 1989 por la que se establece la estructura de los presupuestos de las entidades locales.

d) Orden EHA/3565/2005, de diciembre, por la que se aprueba la estructura de los presupuestos de las entidades locales.

5. Dentro de las áreas de gasto del presupuesto, se incluye en el área de gasto 2 referente a Actuaciones de protección y promoción social:

a) Seguridad y movilidad ciudadana.

b) Pensiones.

c) Cultura.

d) Agricultura, ganadería y pesca.

6. ¿En qué área de gasto se incluye la política de gasto denominada "Infraestructuras"?

a) Actuaciones de carácter económico.

b) Actuaciones de carácter general.

c) Producción de bienes públicos de carácter preferente.

d) Deuda pública.

7. ¿En qué área de gasto se incluye la política de gasto denominada "Administración financiera y tributaria"?

a) Actuaciones de carácter general.

b) Actuaciones de carácter económico.

c) Actuaciones de protección y promoción social.

d) Producción de bienes públicos de carácter preferente.

8. ¿En qué área de gasto se incluye la política de gasto denominada "Sanidad"?

a) Producción de bienes públicos de carácter preferente.

b) Actuaciones de protección y promoción social.

c) Servicios públicos básicos.

d) Actuaciones de carácter general.

9. ¿En qué área de gasto se incluye la política de gasto denominada "Fomento del empleo"?

a) Servicios públicos básicos.

b) Actuaciones de protección y promoción social.

c) Actuaciones de carácter económico.
d) Actuaciones de carácter general.

10. En relación con la Clasificación Económica de los Gastos del Presupuesto de las Entidades Locales se distingue entre:

a) Operaciones abiertas y cerradas.
b) Operaciones limitadas y no limitadas.
c) Operaciones financieras y no financieras.
d) Operaciones a préstamo y liberadas.

11. El Fondo de Contingencia tiene como fin:

a) Atender al abono de los intereses de las operaciones de crédito.
b) Hacer frente a los gastos de contratación del personal laboral.
c) Completar aquellas aplicaciones presupuestarias que necesiten ser ampliadas.
d) Atender a las necesidades imprevistas, inaplazables y no discrecionales, para las que no exista crédito presupuestario o el previsto resulte insuficiente.

12. El Fondo de Contingencia y Otros Imprevistos se ha de incluir obligatoriamente en los Presupuestos:

a) De los municipios con población superior a 5.000 habitantes.
b) De las capitales de provincia.
c) De los municipios con población superior a 15.000 habitantes.
d) De los municipios con población superior a 25.000 habitantes.

13. Respecto a la Clasificación Económica de los Gastos del Presupuesto de las Entidades Locales, dentro del capítulo 1: Gastos de personal, se encuentra el gasto siguiente:

a) Gastos de naturaleza social.
b) Cotizaciones obligatorias de las entidades locales y de sus organismos autónomos a los distintos regímenes de Seguridad Social.
c) Retribuciones fijas y variables.
d) Todas las respuestas son verdaderas.

14. En relación con la Clasificación Económica de los Ingresos del Presupuesto de las Entidades Locales:

a) Se distinguen las operaciones no financieras de las financieras, subdividiéndose las segundas en operaciones corrientes y de capital.
b) Se distinguen las operaciones no financieras de las financieras, subdividiéndose las primeras en operaciones corrientes y de capital.
c) Se distinguen las operaciones no financieras, operaciones corrientes y de capital.
d) Se distinguen las operaciones no financieras de las financieras y de capital.

15. En relación con la Clasificación Económica de los Ingresos del Presupuesto de las Entidades Locales no forman parte de las operaciones corrientes:

a) Impuestos directos.
b) Transferencias de capital.
c) Tasas, precios públicos y otros ingresos.
d) Ingresos patrimoniales.

16. En la Clasificación Económica de los Ingresos del Presupuesto de las Entidades Locales y dentro de los Pasivos Financieros se recoge:

a) El ingreso que obtienen las entidades locales y sus organismos autónomos por la enajenación de activos financieros.
b) La financiación de las entidades locales y sus organismos autónomos procedente de la emisión de Deuda Pública.
c) Las dos respuestas anteriores son correctas.
d) Ninguna respuesta es correcta.

17. De conformidad con el artículo 50 de la Ley 10/2017 de Capitalidad de Zaragoza, ¿a qué órgano municipal corresponde la aprobación del proyecto de presupuesto general?

a) Al Pleno.
b) Al Alcalde.
c) Al Gobierno de Zaragoza.
d) A la Consejería de Hacienda y Fondos Europeos.

18. De conformidad con la Ley 10/2017 (artículo 50) El proyecto de presupuesto se remitirá al Pleno:

a) Antes del 1 de marzo de cada año.
b) Antes del 1 octubre de cada año.
c) Antes del 15 de octubre de cada año.
d) Antes del 1 de enero de cada año.

19. De conformidad con el artículo 50 de la Ley 10/2017 de Capitalidad de Zaragoza, el proyecto de presupuesto se expondrá al público por un plazo de:

a) 15 días.
b) 30 días.
c) 1 mes.
d) 20 días.

20. El presupuesto de Zaragoza (de conformidad con la Ley 10/2017) entrará en vigor para el ejercicio económico correspondiente:

a) El día de su aprobación.
b) El día siguiente a su aprobación.
c) Tras su publicación oficial.
d) Ninguna es correcta.

En MADTEST tienes **más preguntas de este tema**, y todos tus avances quedan registrados y se reflejan en el ranking.

¡Supera tus límites con MADTEST!

Solución al test n.º 13

1. b) La expresión cifrada, conjunta y sistemática de las obligaciones que, como máximo, pueden reconocer la Entidad y sus Organismos Autónomos.

2. c) Las respuestas a) y b) son correctas.

3. d) Todas respuestas son correctas.

4. b) Orden EHA/3565/2008, de 3 de diciembre, por la que se aprueba la estructura de los Presupuestos de las Entidades Locales.

5. b) Pensiones.

6. a) Actuaciones de carácter económico.

7. a) Actuaciones de carácter general.

8. a) Producción de bienes públicos de carácter preferente.

9. b) Actuaciones de protección y promoción social.

10. c) Operaciones financieras y no financieras.

11. d) Atender a las necesidades imprevistas, inaplazables y no discrecionales, para las que no exista crédito presupuestario o el previsto resulte insuficiente.

12. b) De las capitales de provincia.

13. d) Todas las respuestas son verdaderas.

14. b) Se distinguen las operaciones no financieras de las financieras, subdividiéndose las primeras en operaciones corrientes y de capital.

15. b) Transferencias de capital.

16. b) La financiación de las entidades locales y sus organismos autónomos procedente de la emisión de Deuda Pública.

17. c) Al Gobierno de Zaragoza.

18. c) Antes del 15 de octubre de cada año.

19. a) 15 días.

20. c) Tras su publicación oficial.

El municipio: territorio y población. Competencias de los municipios. Servicios mínimos obligatorios. Régimen de organización de los municipios de gran población. La Ley de régimen especial del municipio de Zaragoza como capital de Aragón: disposiciones generales y especialidades en materia de organización

1. Entre las potestades y prerrogativas que tienen los municipios se encuentran:

a) La tributaria y financiera.
b) De revisión de oficio de sus actos y acuerdos.
c) Expropiatoria.
d) Todas las respuestas son correctas.

2. Los elementos del Municipio son:

a) El territorio, la población y la financiación.
b) El territorio, las instituciones y la organización.
c) La organización, la autonomía y el territorio.
d) La población, la organización y el territorio.

3. Según el Reglamento de Población y Demarcación Territorial de las Entidades Locales el término municipal es:

a) El territorio en que el Ayuntamiento ejerce su jurisdicción.
b) El territorio en que el Ayuntamiento ejerce sus competencias.
c) El territorio en que el Ayuntamiento ejerce su política.
d) Las respuestas b) y c) son correctas.

4. De acuerdo con lo dispuesto en la Ley de Bases de Régimen Local:

a) La creación de nuevos municipios solo podrá realizarse sobre la base de núcleos de población territorialmente diferenciados, de al menos 25.000 habitantes.
b) La creación de nuevos municipios solo podrá realizarse sobre la base de núcleos de población territorialmente diferenciados, de al menos 4.000 habitantes.

c) La creación de nuevos municipios solo podrá realizarse sobre la base de núcleos de población territorialmente diferenciados, de al menos 3.000 habitantes.

d) La creación de nuevos municipios solo podrá realizarse sobre la base de núcleos de población territorialmente diferenciados, de al menos 250.000 habitantes.

5. ¿La alteración de términos municipales podrá suponer la modificación de los límites provinciales?

a) Solo en casos excepcionales.
b) En ningún caso.
c) Cuando concurran los requisitos establecidos en la ley.
d) Sí.

6. En los casos de fusión de municipios:

a) El nuevo municipio se subrogará en todos los derechos y obligaciones de los anteriores municipios.

b) El nuevo municipio resultante de la fusión no podrá segregarse hasta transcurridos cien años.

c) El órgano del gobierno del nuevo municipio resultante estará constituido transitoriamente por la suma de los concejales de los municipios fusionados.

d) Las respuestas a) y c) son correctas.

7. Son derechos y deberes de los vecinos:

a) Contribuir mediante la aportación de sus bienes inmuebles a la realización de las competencias municipales.

b) Exigir la prestación y, en su caso, el establecimiento del correspondiente servicio público, en el supuesto de constituir una competencia municipal propia aunque no sea de carácter obligatorio.

c) Acceder a los aprovechamientos comunales.

d) Ejercer la iniciativa individual en los términos previstos en el art. 70 bis de la Ley de Bases de Régimen Local.

8. La inscripción de los extranjeros en el Padrón municipal:

a) Constituirá prueba de su residencia legal en España.
b) Iniciará el expediente de adquisición de la nacionalidad española.
c) No les atribuirá ningún derecho que no les confiera la legislación vigente.
d) Permitirá obtener un permiso de trabajo.

9. El padrón municipal es:

a) La base de datos donde constan los nombres de los vecinos.
b) El registro administrativo donde solo constan los domicilios de los vecinos.

c) El registro administrativo donde constan los vecinos de un municipio.

d) El registro administrativo donde solo constan los domicilios de los extranjeros del municipio.

10. La inscripción en el Padrón municipal contendrá como obligatorios los siguientes datos:

a) Las matrículas de los vehículos de los vecinos.

b) El número de identificación de los aparatos tecnológicos existentes en cada casa.

c) Los ascendientes que habitan en cada casa.

d) Ninguna de las respuestas es correcta.

11. Quien viva en varios Municipios:

a) Deberá inscribirse únicamente en el Padrón municipal del municipio en el que habite durante más tiempo al año.

b) Deberá inscribirse únicamente en el Padrón municipal del municipio en el que tenga su lugar de trabajo.

c) Deberá inscribirse únicamente en el Padrón municipal del municipio en el que haya nacido.

d) Deberá inscribirse en el Padrón municipal de todos los municipios.

12. ¿Existe Padrón de españoles residentes en el extranjero?

a) Sí.

b) No.

c) Sí, y su formación se realizará por la Administración General del Estado.

d) Solo para aquellos que se encuentren en la Unión Europea.

13. Funcionan en régimen de Concejo Abierto:

a) Los municipios de menos de 200 habitantes.

b) Los municipios de menos de 300 habitantes.

c) Los municipios de menos de 500 habitantes.

d) Los municipios que tradicional y voluntariamente cuenten con ese singular régimen de gobierno y administración.

14. La organización municipal responde a las siguientes reglas:

a) El Alcalde, los Tenientes de Alcalde y el Pleno existen en todos los Ayuntamientos.

b) El Alcalde, la Junta de Gobierno y el Pleno existen en todos los Ayuntamientos.

c) El Alcalde y el Pleno existen en todos los Ayuntamientos.

d) El Alcalde y la Junta de Gobierno existen en todos los Ayuntamientos.

15. La Comisión Especial de Cuentas:

a) Existe en todos los municipios.

b) Existe en los municipios en que así se acuerde.

c) Existe en los municipios de más de 1000 habitantes.

d) Ninguna de las respuestas es correcta.

16. ¿Cuantos artículos tiene la Ley 10/2017, de 30 de noviembre, de régimen especial del municipio de Zaragoza como capital de Aragón?

a) 50.

b) 60 .

c) 70.

d) 55.

17. ¿Cuantos capítulos tiene la Ley 10/2017, de 30 de noviembre, de régimen especial del municipio de Zaragoza como capital de Aragón?

a) 8.

b) 9.

c) 6.

d) 7.

18. El artículo 2 de la Ley 10/2017, de 30 de noviembre, de régimen especial del municipio de Zaragoza como capital de Aragón establece:

a) De acuerdo con la autonomía garantizada constitucionalmente, y con lo previsto en el Estatuto de Autonomía de Aragón, en la Carta Europea de Autonomía Local y en la legislación de régimen local, el municipio de Zaragoza goza de personalidad jurídica plena, capacidad de obrar y potestades suficientes para ordenar y gestionar los asuntos de interés público que afecten a sus ciudadanos.

b) De acuerdo con la autonomía garantizada constitucionalmente, y con lo previsto en el Estatuto de Autonomía de Aragón, en la Carta Europea de Autonomía Local y en la legislación de régimen local, el municipio de Zaragoza goza de personalidad jurídica propia, plena capacidad de obrar y potestades suficientes para ordenar y gestionar los asuntos de interés público que afecten a sus ciudadanos.

c) De acuerdo con la autonomía garantizada constitucionalmente, y con lo previsto en el Estatuto de Autonomía de Aragón, y en la legislación de régimen local, el municipio de Zaragoza goza de personalidad jurídica propia, plena capacidad de obrar y potestades suficientes para ordenar y gestionar los asuntos de interés público que afecten a sus ciudadanos.

d) De acuerdo con la autonomía garantizada constitucionalmente, y con lo previsto en el Estatuto de Autonomía de Aragón, en la Carta Europea de Autonomía Local y en la Ley de Bases del Régimen Local, el municipio de Zaragoza goza de personalidad jurídica propia, plena capacidad de obrar y potestades suficientes y adecuadas para ordenar y gestionar los asuntos de interés público que afecten a sus ciudadanos.

19. La ciudad de Zaragoza:

a) Ostenta los títulos de Muy Noble, Muy Leal, Muy Heroica, Muy Benéfica e Inmortal.

b) Ostenta los títulos de Muy Noble, Muy Leal, Muy Heroica, Siempre Heroica, Muy Benéfica y Muy Inmortal.

c) Ostenta los títulos de Muy Noble, Muy Leal, Muy Heroica, Siempre Heroica, Muy Benéfica e Inmortal.

d) Ninguna es correcta.

20. En base a lo dispuesto en el artículo 8 de la Ley 10/2017, de régimen especial del municipio de Zaragoza como capital de Aragón, el gobierno y la administración del Ayuntamiento de Zaragoza corresponden a:

a) El Pleno y los órganos ejecutivos de dirección política y administrativa.

b) El Pleno integrado por los concejales como órgano de máxima representación.

c) El Pleno y el Gobierno de Zaragoza.

d) El Pleno, los órganos ejecutivos de dirección política y administrativa, los Órganos directivos y demás que se creen en el marco de lo dispuesto por la legislación básica de régimen local y el reglamento orgánico municipal.

En MADTEST tienes **más preguntas de este tema**, y todos tus avances quedan registrados y se reflejan en el ranking.

¡Supera tus límites con MADTEST!

Solución al test n.º 14

1. d) Todas las respuestas son correctas.

2. d) La población, la organización y el territorio.

3. b) El territorio en que el Ayuntamiento ejerce sus competencias.

4. b) La creación de nuevos municipios solo podrá realizarse sobre la base de núcleos de población territorialmente diferenciados, de al menos 4.000 habitantes.

5. b) En ningún caso.

6. d) Las respuestas a) y c) son correctas.

7. c) Acceder a los aprovechamientos comunales.

8. c) No les atribuirá ningún derecho que no les confiera la legislación vigente.

9. c) El registro administrativo donde constan los vecinos de un municipio.

10. d) Ninguna de las respuestas es correcta.

11. a) Deberá inscribirse únicamente en el Padrón municipal del municipio en el que habite durante más tiempo al año.

12. c) Sí, y su formación se realizará por la Administración General del Estado.

13. d) Los municipios que tradicional y voluntariamente cuenten con ese singular régimen de gobierno y administración.

14. a) El Alcalde, los Tenientes de Alcalde y el Pleno existen en todos los Ayuntamientos.

15. a) Existe en todos los municipios.

16. b) 60.

17. d) 7.

18. b) De acuerdo con la autonomía garantizada constitucionalmente, y con lo previsto en el Estatuto de Autonomía de Aragón, en la Carta Europea de Autonomía Local y en la legislación de régimen local, el municipio de Zaragoza goza de personalidad jurídica propia, plena capacidad de obrar y potestades suficientes para ordenar y gestionar los asuntos de interés público que afecten a sus ciudadanos.

19. c) Ostenta los títulos de Muy Noble, Muy Leal, Muy Heroica, Siempre Heroica, Muy Benéfica e Inmortal.

20. d) El Pleno, los órganos ejecutivos de dirección política y administrativa, los Órganos directivos y demás que se creen en el marco de lo dispuesto por la legislación básica de régimen local y el reglamento orgánico municipal.

TEST N.º 15

El Reglamento de Órganos territoriales y Participación ciudadana de Zaragoza. El Manual de Atención a la ciudadanía del Ayuntamiento de Zaragoza

1. El Reglamento de Órganos territoriales y participación ciudadana del Ayuntamiento de Zaragoza es de fecha:

a) 28 de julio de 2005.
b) 15 de enero de 2005.
c) 26 de mayo de 2005.
d) 13 de junio de 2005.

2. Señala la respuesta correcta, es objeto del Reglamento de Órganos Territoriales y Participación ciudadana del Ayuntamiento de Zaragoza (artículo 1 del Reglamento de órganos territoriales):

a) La regulación de los cauces de participación ciudadana en la gestión municipal de Zaragoza.
b) Esta participación se canaliza a través de una organización territorial específica constituida por Juntas Municipales, Juntas Vecinales y Concejos Locales.
c) Está sectorialmente articulada a través del Consejo de la Ciudad de Zaragoza.
d) Todas son correctas.

3. Para modificar la actual estructura de Distritos y de Barrios Rurales o modificar sus linderos será preciso acuerdo (artículo 2 del Reglamento de órganos territoriales):

a) Del Ayuntamiento Pleno, adoptado con mayoría simple, y seguir los trámites establecidos en la legislación básica y autonómica para la elaboración de Reglamentos y Ordenanzas municipales.
b) Del Ayuntamiento Pleno, adoptado con mayoría de 2/3, y seguir los trámites establecidos en la legislación básica y autonómica para la elaboración de Reglamentos y Ordenanzas municipales.

c) Del Ayuntamiento Pleno, adoptado con mayoría absoluta, y seguir los trámites establecidos en la legislación básica y autonómica para la elaboración de Reglamentos y Ordenanzas municipales.

d) Ninguna es correcta.

4. Según el artículo 3 del Reglamento de órganos territoriales, las Juntas Municipales y las Juntas Vecinales:

a) Son órganos del Ayuntamiento de Zaragoza de ámbito territorial para la gestión de los Distritos y los Barrios Rurales

b) Mediante la participación vecinal, se realiza la gestión desconcentrada de asuntos que afectan al territorio y los vecinos en el ámbito del mismo, mejorando la eficacia de los servicios públicos que gestionan y siendo instrumento para la corrección de desequilibrios entre zonas y barrios de Zaragoza.

c) Su actuación debe regirse por los principios de duplicidad de gobierno, eficiencia y solidaridad.

d) Las respuestas a) y b) son correctas.

5. Señala la respuesta incorrecta sobre el régimen de sesiones (artículo 21 del Reglamento de órganos territoriales):

a) Las Juntas Municipales y Vecinales celebrarán con carácter general sesión plenaria ordinaria una vez al mes, sin perjuicio de lo señalado en el Manual de Funcionamiento Interno que establecerá como mínimo una reunión trimestral.

b) Los órganos colegiados de gobierno se constituirán válidamente con la asistencia la mitad del número legal de sus miembros con derecho a voto, que nunca podrán ser menos de dos.

c) En caso de no existir este quórum la sesión queda convocada automáticamente quince minutos más tarde.

d) Los acuerdos se adoptarán con carácter general por mayoría simple de los miembros presentes con derecho a voto.

6. Las clases de sesiones de las Juntas Municipales y Vecinales son:

a) Ordinarias, extraordinarias y extraordinarias de carácter urgente.

b) Ordinarias y extraordinarias de carácter urgente.

c) Ordinarias y extraordinarias.

d) Comunes y extraordinarias.

7. Son sesiones extraordinarias las que se celebren por (artículo 22.2 Reglamento de órganos territoriales):

a) Establecerlo una disposición legal.

b) Cuando así lo decida el Concejal, Presidente o Alcalde de Barrio.

c) Cuando lo solicite la cuarta parte, al menos del numero legal de miembros de la Junta con derecho a voto, sin que ningún Vocal pueda solicitar más de tres sesiones extraordinarias de la Junta al año.

d) Todas son correctas.

8. Corresponderá al Presidente de la Junta Municipal, las siguientes competencias (artículo 16 del Reglamento de órganos territoriales):

a) Aprobar el Manual de Funcionamiento Interno de la Junta.

b) Representar al Ayuntamiento en el ámbito de actuación de la Junta, sin perjuicio de la representación general del Alcalde.

c) El control de la gestión y la propuesta de cese de los Vocales y otros miembros del Pleno.

d) Todas son correctas.

9. Corresponderá al Presidente de la Junta Municipal, las siguientes competencias (artículo 16 del Reglamento de órganos territoriales):

a) Someter al Pleno de la Junta Municipal la propuesta de Plan y Programa de Actuación, para que, si procede, lo apruebe.

b) Elevar a los demás órganos municipales las propuestas de los órganos de la Junta.

c) Convocar y presidir las sesiones del Consejo Rector, las del Pleno y de cualesquiera otros órganos complementarios de la Junta, dirimiendo los empates con voto de calidad.

d) Todas son correctas.

10. Los Consejos de Distrito (artículo 4 del Reglamento de órganos territoriales):

a) Son órganos territoriales de gestión concentrada para la prestación de servicios y el acercamiento del Ayuntamiento a los ciudadanos, que sirven de apoyo y cauce para la tramitación de los asuntos derivados de la gestión de las Juntas Municipales y Vecinales en su ámbito territorial.

b) Son órganos locales de gestión y coordinación.

c) Son órganos territoriales de gestión desconcentrada para la prestación de servicios y el acercamiento del Ayuntamiento a los ciudadanos, que sirven de apoyo y cauce para la tramitación de los asuntos derivados de la gestión de las Juntas Municipales y Vecinales en su ámbito territorial.

d) Las respuestas b) y c) son correctas.

11. Los Distritos del término municipal de Zaragoza (artículo 2 del Reglamento de órganos territoriales):

a) Son divisiones territoriales propias, dotadas de órganos de gestión desconcentrada denominados Juntas Municipales y Juntas Vecinales, para impulsar y desarrollar la participación ciudadana en la gestión de los asuntos municipales y su mejora, sin perjuicio de la unidad de gobierno y gestión del municipio.

b) Son divisiones territoriales esenciales dotadas con órganos de gestión denominados Juntas Municipales.

c) Son términos municipales recogidos en el Reglamento como divisiones propias.

d) Ninguna es correcta.

12. En el término municipal de Zaragoza ¿cuántos distritos se asientan? (artículo 2 del Reglamento de órganos territoriales):

a) Quince.

b) Diecisiete.

c) Dieciséis.

d) Catorce.

13. El Consejo Rector de los Consejos de Distrito está formado por (artículo 42 del Reglamento de órganos territoriales):

a) El Presidente del Consejo de Distrito y los Presidentes de las Juntas.

b) El Presidente de la Junta principal y los presidentes del Consejo de Distritos.

c) Los Presidentes de los Consejos de Distritos y el Presidente de la Junta.

d) Ninguna es correcta.

14. Los Consejos de Distrito, señala la respuesta incorrecta:

a) Los Distritos Municipales se podrán agrupar en Consejos de Distrito con arreglo a lo establecido en el Título III de este Reglamento.

b) Los Distritos Municipales no se podrán agrupar en Consejos de Distrito.

c) La actuación de los Consejos de Distrito debe ajustarse a los principios de unidad de gobierno, eficacia, coordinación y solidaridad.

d) Son órganos territoriales de gestión desconcentrada.

15. El alcalde se regula en el artículo 15 del Reglamento de Órganos Territoriales y Participación ciudadana del Ayuntamiento de Zaragoza (señala la respuesta correcta):

a) Es el Presidente nato de todas las Juntas Municipales y, previa consulta con los grupos municipales, podrá delegar la Presidencia efectiva en un Concejal, dando cuenta al Pleno del Ayuntamiento.

b) En el ejercicio de esta delegación, el Alcalde tendrá en consideración los resultados de las elecciones municipales en los territorios de las Juntas, procurando que, al menos, un Concejal de cada Grupo Municipal sea presidente de una Junta Municipal.

c) El Presidente, de entre los vocales propuestos por los grupos municipales, designará libremente un Vicepresidente, que le sustituirá en caso de vacante, ausencia o enfermedad en los órganos colegiados de la Junta y en aquellos otros actos que la legislación local lo permita.

d) Todas son correctas.

16. Señala la respuesta correcta sobre las oficinas de información a las que alude el artículo 44 del Reglamento de órganos territoriales:

a) En las dependencias de las Áreas Centrales de la Administración Municipal y en las de Administración Desconcentrada, Juntas Municipales y Vecinales, existirá una Oficina de Información que canalizará la información de la gestión del Ayuntamiento y la participación de los ciudadanos en la vida local.

b) En las dependencias de las Áreas Centrales de la Administración Municipal y en las de Administración Desconcentrada, Juntas Municipales y Vecinales, existirán varias Oficinas de Información que canalizarán la información de la gestión del Ayuntamiento y la participación de los ciudadanos en la vida local.

c) En las dependencias de las Áreas Centrales de la Administración Municipal existirá una Oficina de Información que canalizará la información de la gestión del Ayuntamiento y la participación de los ciudadanos en la vida local.

d) En las dependencias de Administración Desconcentrada, Juntas Municipales y Vecinales, existirán dos Oficinas de Información que canalizarán la información de la gestión del Ayuntamiento y la participación de los ciudadanos en la vida local.

17. El Ayuntamiento fomentará el uso de las nuevas tecnologías de la información y la comunicación mediante la creación de una página web que permita (artículo 48 del Reglamento de órganos territoriales):

a) Entorpecer al máximo las gestiones con la Administración Local.

b) Mejorar la opacidad de la Administración incorporando a la red toda la información de carácter público que se genere en la ciudad.

c) Potenciar la relación entre Administraciones a través de redes telemáticas para beneficio de los ciudadanos.

d) No posibilitar la realización de trámites administrativos municipales.

18. El Alcalde, previo acuerdo del Pleno por ...., podrá someter a Consulta Popular los asuntos de la competencia propia municipal (artículo 53 Reglamento de órganos territoriales):

a) Mayoría simple.
b) Mayoría cualificada.
c) Mayoría absoluta.
d) Mayoría 3/5.

19. Son funciones del Secretario del Consejo de la Ciudad:

a) Levantar acta de las reuniones del Pleno del Consejo Sectorial.
b) Expedir acuerdos.
c) Expedir certificaciones.
d) Las respuestas a) y c) son correctas.

20. Presidir y coordinar la actuación del Consejo de la Ciudad es una función del (artículo 90 del Reglamento de órganos territoriales):

a) Presidente del Consejo de la Ciudad.
b) Oficina Técnica.
c) Secretario del Consejo de la Ciudad.
d) Pleno del Consejo de la Ciudad.

En MADTEST tienes **más preguntas de este tema**, y todos tus avances quedan registrados y se reflejan en el ranking.

¡Supera tus límites con MADTEST!

Solución al test n.º 15

1. a) 28 de julio de 2005.

2. d) Todas son correctas.

3. c) Del Ayuntamiento Pleno, adoptado con mayoría absoluta, y seguir los trámites establecidos en la legislación básica y autonómica para la elaboración de Reglamentos y Ordenanzas municipales.

4. d) Las respuestas a) y b) son correctas.

5. b) Los órganos colegiados de gobierno se constituirán válidamente con la asistencia la mitad del número legal de sus miembros con derecho a voto, que nunca podrán ser menos de dos.

6. a) Ordinarias, extraordinarias y extraordinarias de carácter urgente.

7. d) Todas son correctas.

8. b) Representar al Ayuntamiento en el ámbito de actuación de la Junta, sin perjuicio de la representación general del Alcalde.

9. d) Todas son correctas.

10. c) Son órganos territoriales de gestión desconcentrada para la prestación de servicios y el acercamiento del Ayuntamiento a los ciudadanos, que sirven de apoyo y cauce para la tramitación de los asuntos derivados de la gestión de las Juntas Municipales y Vecinales en su ámbito territorial.

11. a) Son divisiones territoriales propias, dotadas de órganos de gestión desconcentrada denominados Juntas Municipales y Juntas Vecinales, para impulsar y desarrollar la participación ciudadana en la gestión de los asuntos municipales y su mejora, sin perjuicio de la unidad de gobierno y gestión del municipio.

12. c) Dieciséis.

13. a) El Presidente del Consejo de Distrito y los Presidentes de las Juntas.

14. b) Los Distritos Municipales no se podrán agrupar en Consejos de Distrito.

15. d) Todas son correctas.

16. a) En las dependencias de las Áreas Centrales de la Administración Municipal y en las de Administración Desconcentrada, Juntas Municipales y Vecinales, existirá una Oficina de Información que canalizará la información de la gestión del Ayuntamiento y la participación de los ciudadanos en la vida local.

17. c) Potenciar la relación entre Administraciones a través de redes telemáticas para beneficio de los ciudadanos.

18. c) Mayoría absoluta.

19. d) Las respuestas a) y c) son correctas.

20. a) Presidente del Consejo de la Ciudad.

Reglamentos y ordenanzas de los municipios. La aprobación de ordenanzas, ordenanzas fiscales y Reglamentos en la ley de capitalidad de Zaragoza

1. ¿Cómo se denominan los bandos dictados en desarrollo de las atribuciones del Alcalde para mejor regir y gobernar la vida de la comunidad?

a) Bandos Ordinarios.
b) Bandos de Gobierno.
c) Bandos de Policía y Buen Gobierno.
d) Bandos de Seguridad y Buen Gobierno.

2. ¿A quién le corresponde, en los Municipios de gran población, la aprobación de los proyectos de ordenanzas y reglamentos, incluidos los orgánicos, con excepción de las normas reguladoras del Pleno y de sus comisiones?

a) Al Alcalde.
b) Al Pleno.
c) A la Junta de Gobierno Local.
d) Al Secretario de la Corporación.

3. Los actos de deterioro grave y relevante de equipamientos, infraestructuras, instalaciones o elementos de un servicio público, constituyen una infracción a las ordenanzas locales de carácter:

a) Muy grave.
b) Grave.
c) Menos grave.
d) Leve.

4. Las infracciones leves de las Ordenanzas Locales podrán acarrear una multa de hasta:

a) 1.500 euros.
b) 1.000 euros.

c) 750 euros.
d) 600 euros.

5. ¿Cuándo prescribirán las sanciones impuestas por faltas muy graves a las Ordenanzas Locales, si estas no fijaran plazo de prescripción?

a) A los cinco años.
b) A los tres años.
c) A los dos años.
d) Al año.

6. ¿Cómo se denominan los bandos que se limitan a recordar el cumplimiento de disposiciones vigentes de carácter legal, publicándose en fechas fijadas de antemano por la ley y en todos los Municipios?

a) Bandos generales.
b) Bandos simples.
c) Bandos ordinarios.
d) Bandos periódicos.

7. Por el Pleno de la Corporación se aprobarán inicialmente las Ordenanzas y Reglamentos, como regla general por:

a) Mayoría de los miembros del Pleno de la Corporación.
b) Mayoría absoluta y con el voto favorable del Presidente de la Corporación.
c) Basta con el voto favorable del Presidente de la Corporación.
d) La Junta de Gobierno, por delegación del Pleno.

8. Una vez aprobadas inicialmente las Ordenanzas y Reglamentos, se expondrán al público durante un plazo mínimo de:

a) Cuarenta y cinco días hábiles.
b) Treinta días hábiles.
c) Veinte días naturales.
d) Quince días naturales.

9. Aprobadas definitivamente las Ordenanzas y Reglamentos, se procederá a su publicación en:

a) El Boletín Oficial de la Provincia.
b) El Boletín Oficial de la Comunidad Autónoma.
c) El Boletín Oficial del Estado.
d) En Boletín Oficial de la Comunidad Autónoma y en el BOE.

10. Para la modificación del Reglamento Orgánico de una Corporación, será necesario el voto favorable de/del:

a) Presidente de la Corporación.
b) La mayoría simple del número legal de miembros de la Corporación.
c) La mayoría absoluta del número legal de miembros de la Corporación.
d) No existe una mayoría establecida.

11. ¿Cómo se denominan los bandos dictados en desarrollo de las atribuciones del Alcalde para mejor regir y gobernar la vida de la comunidad?

a) Bandos de urgencia.
b) Bandos periódicos.
c) Bandos de buena administración.
d) Bandos de policía y buen gobierno.

12. Las infracciones a los bandos se clasificarán en:

a) Muy graves, graves y leves.
b) Muy graves, graves y menos graves.
c) Graves y leves.
d) Muy graves, menos graves, graves y leves.

13. Salvo previsión legal distinta, las multas por infracción muy grave a las Ordenanzas locales, se sanciona con una sanción económica de:

a) Hasta 6.000 euros.
b) Hasta 5.000 euros.
c) Hasta 3.000 euros.
d) Hasta 1.500 euros.

14. En el caso del Ayuntamiento de Zaragoza y de conformidad con la Ley 10/2017, las ordenanzas fiscales se expondrán al público, previo anuncio en el boletín oficial correspondiente, en el tablón de anuncios y en la sede electrónica municipal:

a) Por el plazo mínimo de quince días naturales, durante los cuales los interesados podrán examinar el expediente y presentar las reclamaciones que estimen oportunas.
b) Por el plazo mínimo de quince días hábiles, durante los cuales los interesados podrán examinar el expediente y presentar las reclamaciones que estimen oportunas
c) Por el plazo mínimo de treinta días, durante los cuales los interesados podrán examinar el expediente y presentar las reclamaciones que estimen oportunas.
d) Por el plazo mínimo de veinte días, durante los cuales los interesados podrán examinar el expediente y presentar las reclamaciones que estimen oportunas.

15. De conformidad con el artículo 48 de la Ley 10/2017 de 30 de noviembre de régimen especial de Zaragoza como capital de Aragón, en el caso de las proposiciones de los grupos políticos, se establecen una serie de especialidades en la tramitación de los reglamentos y ordenanzas, indique la correcta o más correcta de las siguientes afirmaciones:

a) La proposición, acompañada de una memoria suscrita por el Grupo político que la presente, se remitirá a la Comisión plenaria correspondiente, para su dictamen.

b) Una vez dictaminada por la Comisión, si la proposición es aceptada, se someterá al trámite de información pública y audiencia a los interesados durante un plazo mínimo de treinta días naturales.

c) La Comisión competente propondrá al Pleno la resolución de las reclamaciones y sugerencias presentadas y la aprobación en acto único de la norma resultante.

d) Todas son correctas.

16. De conformidad con el artículo 48 de la Ley 10/2017 de 30 de noviembre de régimen especial de Zaragoza como capital de Aragón, toda proposición o enmienda que suponga aumento de los créditos o disminución de los ingresos presupuestarios del ejercicio económico en curso requerirá la conformidad del:

a) Pleno del Ayuntamiento de Zaragoza para su tramitación.

b) Interventor de la Corporación para su tramitación.

c) Gobierno de Zaragoza para su tramitación.

d) Alcalde del Ayuntamiento de Zaragoza para su tramitación.

17. De conformidad con el artículo 48 de la Ley 10/2017 de 30 de noviembre de régimen especial de Zaragoza como capital de Aragón, en el caso de la tramitación de los proyectos normativos se aplicará el siguiente procedimiento, (indique la incorrecta):

a) Aprobación del proyecto por el Gobierno de Zaragoza, excepto en el caso de proyectos de normas reguladoras del Pleno y sus Comisiones, cuya aprobación corresponderá al Pleno.

b) Información pública y audiencia a los interesados por el plazo mínimo de treinta días hábiles para la presentación de reclamaciones y sugerencias, mediante anuncio en el boletín oficial correspondiente y en el tablón de anuncios municipal.

c) Remisión del proyecto a la Comisión plenaria competente, acompañado de todas las reclamaciones y sugerencias recibidas, para la emisión del oportuno dictamen.

d) Aprobación en acto único del Reglamento u ordenanza por el Pleno, con resolución de las reclamaciones y sugerencias presentadas.

18. De conformidad con el artículo 48 de la Ley 10/2017 de 30 de noviembre de régimen especial de Zaragoza como capital de Aragón, la iniciativa para la aprobación de ordenanzas y reglamentos de competencia del Pleno corresponderá:

a) El Gobierno de Zaragoza, mediante la remisión de la correspondiente proposición normativa.

b) Los grupos políticos, a través del correspondiente proyecto.

c) La iniciativa popular, en los términos previstos en la normativa básica.

d) Ninguna es correcta.

19. De conformidad con el artículo 49 de la Ley de régimen especial de Zaragoza como capital de Aragón, a que órgano corresponderá la aprobación de los proyectos de ordenanzas fiscales:

a) Al Pleno del Ayuntamiento de Zaragoza.

b) Al Gobierno de Zaragoza.

c) A la Comisión Plenaria correspondiente.

d) Al Consejero de Hacienda.

20. De conformidad con el artículo 49 de la Ley de régimen especial de Zaragoza como capital de Aragón, a que órgano corresponderá la aprobación inicial de las ordenanzas fiscales:

a) Al Pleno del Ayuntamiento de Zaragoza.

b) Al Gobierno de Zaragoza.

c) A la Comisión Plenaria correspondiente.

d) Al Consejero de Hacienda.

En MADTEST tienes **más preguntas de este tema**, y todos tus avances quedan registrados y se reflejan en el ranking.

¡Supera tus límites con MADTEST!

Solución al test n.º 16

1. c) Bandos de Policía y Buen Gobierno.

2. c) A la Junta de Gobierno Local.

3. a) Muy grave.

4. c) 750 euros.

5. b) A los tres años.

6. d) Bandos periódicos.

7. a) Mayoría de los miembros del Pleno de la Corporación.

8. b) Treinta días hábiles.

9. a) El Boletín Oficial de la Provincia.

10. c) La mayoría absoluta del número legal de miembros de la Corporación.

11. d) Bandos de policía y buen gobierno.

12. a) Muy graves, graves y leves.

13. c) Hasta 3.000 euros.

14. c) Por el plazo mínimo de treinta días, durante los cuales los interesados podrán examinar el expediente y presentar las reclamaciones que estimen oportunas.

15. d) Todas son correctas.

16. c) Gobierno de Zaragoza para su tramitación.

17. b) Información pública y audiencia a los interesados por el plazo mínimo de treinta días hábiles para la presentación de reclamaciones y sugerencias, mediante anuncio en el boletín oficial correspondiente y en el tablón de anuncios municipal.

18. c) La iniciativa popular, en los términos previstos en la normativa básica.

19. b) Al Gobierno de Zaragoza.

20. c) A la Comisión Plenaria correspondiente.

Los empleados públicos (I): clases. Derechos y deberes

1. El EBEP contiene:

a) Aquello que es común al conjunto de los empleados públicos de todas las Administraciones Públicas.

b) Las normas legales específicas aplicables a los empleados públicos de todas las Administraciones Públicas.

c) Aquello que es común al conjunto de los funcionarios de todas las Administraciones Públicas, más las normas legales específicas aplicables al personal laboral a su servicio.

d) Aquello que es común al conjunto del personal laboral de todas las Administraciones Públicas, más las normas legales específicas aplicables al personal funcionario a su servicio.

2. El vigente Estatuto Básico del Empleado Público tiene por objeto:

a) Establecer las bases del personal laboral incluido en su ámbito de aplicación y determinar las normas aplicables al personal funcionario al servicio de las Administraciones Públicas.

b) Establecer las bases del régimen estatutario de los funcionarios públicos y del personal laboral incluidos en su ámbito de aplicación y determinar las normas que les son aplicables.

c) Establecer las normas aplicables al personal funcionario y laboral al servicio de las Administraciones Públicas.

d) Establecer las bases del régimen estatutario de los funcionarios públicos incluidos en su ámbito de aplicación y determinar las normas aplicables al personal laboral al servicio de las Administraciones Públicas.

3. Se regirá por la legislación específica dictada por el Estado y por las comunidades autónomas en el ámbito de sus respectivas competencias y por lo previsto en el EBEP, excepto el capítulo II del título III (salvo el artículo 20), y los artículos 22.3, 24 y 84:

a) El personal funcionario de las Universidades Públicas.

b) El personal funcionario y en lo que proceda el personal laboral al servicio de las Administraciones de las entidades locales.

c) El personal estatutario de los servicios de salud.

d) El personal funcionario y laboral al servicio de las Administraciones de las comunidades autónomas.

4. Para todo el personal de las Administraciones Públicas no incluido en su ámbito de aplicación, el EBEP tendrá carácter:

a) Consultivo.
b) Voluntario.
c) Supletorio.
d) Interpretativo.

5. Las disposiciones del EBEP sólo se aplicarán directamente cuando así lo disponga su legislación específica al siguiente personal:

a) El personal funcionario de las entidades locales.
b) El personal estatutario de los Servicios de Salud.
c) Personal de las Fuerzas y Cuerpos de Seguridad.
d) El personal docente.

6. El empleo en el sector público se caracteriza por estar configurado por un modelo:

a) Unitario de personal funcionario.
b) Unitario de personal estatutario.
c) Dual de regímenes jurídicos, personal funcionario y personal laboral.
d) De tres regímenes jurídicos, personal funcionario, personal laboral y personal de designación.

7. El artículo 8 del Texto Refundido de la Ley del Estatuto Básico del Empleado Público, aprobado por el Real Decreto Legislativo 5/2015, de 30 de octubre, define como aquellos quienes desempeñan funciones retribuidas en las Administraciones Públicas al servicio de los intereses generales:

a) A los Funcionarios públicos.
b) A los Empleados públicos.
c) Al Personal laboral de las Administraciones Públicas.
d) Al personal estatutario.

8. Corresponden en exclusiva a los funcionarios públicos, en los términos que en la ley de desarrollo de cada Administración Pública se establezca, el ejercicio de las funciones que impliquen la participación directa o indirecta:

a) En el archivo y documentación de información administrativa.
b) En tareas administrativas.
c) En el ejercicio de las potestades públicas.
d) En las tareas directivas.

9. Es una característica de la figura del funcionario de carrera:

a) Presta sus servicios en virtud de un contrato de trabajo formalizado por escrito.
b) Realiza en exclusiva funciones expresamente calificadas como de confianza o asesoramiento especial.

c) Relación regulada por el Derecho Laboral.

d) Desempeño de servicios profesionales retribuidos de carácter permanente.

10. Podrá nombrarse personal funcionario interino para la ejecución de programas de carácter temporal, que no podrán tener una duración:

a) Inferior a 3 años.

b) Superior a 2 años, ampliable hasta doce meses más por las leyes de Función Pública que se dicten en desarrollo del EBEP.

c) Superior a 3 años, ampliable hasta doce meses más por las leyes de Función Pública que se dicten en desarrollo del EBEP.

d) Superior a 6 meses, dentro de un periodo de doce meses.

11. Son funcionarios interinos los que son nombrados como tales para el desempeño de funciones propias de funcionarios de carrera por razones expresamente justificadas de necesidad y/e:

a) Urgencia.

b) Interés.

c) Conveniencia.

d) Oportunidad.

12. El personal laboral al servicio de las Administraciones Públicas NO puede desempeñar puestos:

a) Correspondientes a áreas de actividades que requieran conocimientos técnicos especializados.

b) En el extranjero con funciones administrativas de trámite y colaboración y auxiliares, aunque comporten manejo de máquinas, archivo y similares.

c) Cuyas actividades sean propias de oficios.

d) Que impliquen la participación directa o indirecta en la salvaguardia de los intereses generales del Estado y de las Administraciones Públicas.

13. En relación al personal eventual, el EBEP dispone que:

a) El número máximo de este tipo de personal se establecerá por ley de las Cortes Generales o de las Asambleas legislativas de las Comunidades Autónomas.

b) El cese de este personal no va ligado, en ningún caso, al de la autoridad a la que se preste la función de confianza o asesoramiento.

c) La condición de personal eventual constituye mérito para el acceso a la Función Pública y para la promoción interna.

d) Este personal solo realiza funciones expresamente calificadas como de confianza o asesoramiento especial.

14. En todo caso, el personal eventual cesará:

a) Cuando transcurran 4 años ininterrumpidos desde su nombramiento.

b) Cuando concluya la tarea por la que fue designado.

c) Cuando se produzca el cese de la autoridad a la que se preste la función de confianza o asesoramiento.

d) Cuando exista personal funcionario de carrera que pueda ejercer sus funciones.

15. En relación al personal directivo, el EBEP establece que:

a) Su designación atenderá a principios de mérito y capacidad.

b) Su designación atenderá a criterios de eficacia y eficiencia.

c) La determinación de sus condiciones de empleo serán objeto de negociación colectiva.

d) Cuando el personal directivo reúna la condición de funcionario estará sometido a la relación laboral de carácter especial de alta dirección.

16. A tenor del artículo 14 del EBEP los empleados públicos tienen derecho:

a) A la inamovilidad en la condición de funcionario de carrera.

b) A la formación continua y a la actualización permanente de sus conocimientos y capacidades profesionales, preferentemente fuera del horario laboral.

c) A la libertad de expresión, sin restricción alguna.

d) A participar en la consecución de los objetivos atribuidos a la unidad donde preste sus servicios y a ser consultado por sus superiores por las tareas a desarrollar.

17. Los empleados públicos tienen derecho a la libertad de expresión:

a) En los términos que establezca una ley.

b) En los términos que se establezcan reglamentariamente.

c) A través de sus representantes sindicales.

d) Dentro de los límites del ordenamiento jurídico.

18. Para tener derecho a la promoción interna, los funcionarios deberán tener una antigüedad de servicio activo en el inferior subgrupo o grupo de clasificación profesional, de al menos:

a) Dos años.

b) Tres años.

c) Cuatro años.

d) Cinco años.

19. Según el EBEP, la continuidad en un puesto de trabajo obtenido por concurso quedará vinculada a:

a) La evaluación del desempeño.

b) La idoneidad.

c) La antigüedad.

d) La productividad.

20. En relación al sistema retributivo de los empleados públicos, es cierto, según el EBEP, que:

a) Podrán acordarse incrementos retributivos que globalmente supongan un incremento de la masa salarial superior a los límites fijados anualmente en la Ley de Presupuestos Generales del Estado para el personal.

b) Podrá percibirse participación en tributos o en cualquier otro ingreso de las Administraciones Públicas como contraprestación de cualquier servicio, participación o premio en multas impuestas, excepto cuando estuviesen normativamente atribuidas a los servicios.

c) Las cuantías de las retribuciones básicas y el incremento de las cuantías globales de las retribuciones complementarias de los funcionarios, así como el incremento de la masa salarial del personal laboral, deberán reflejarse para cada ejercicio presupuestario en la correspondiente ley de presupuestos.

d) Las Administraciones Públicas podrán destinar cantidades por encima del porcentaje de la masa salarial que se fije en las correspondientes Leyes de Presupuestos Generales del Estado a financiar aportaciones a planes de pensiones de empleo o contratos de seguro colectivos que incluyan la cobertura de la contingencia de jubilación, para el personal incluido en sus ámbitos, de acuerdo con lo establecido en la normativa reguladora de los Planes de Pensiones.

En MADTEST tienes **más preguntas de este tema**, y todos tus avances quedan registrados y se reflejan en el ranking.

¡Supera tus límites con MADTEST!

Solución al test n.º 17

1. c) Aquello que es común al conjunto de los funcionarios de todas las Administraciones Públicas, más las normas legales específicas aplicables al personal laboral a su servicio.

2. d) Establecer las bases del régimen estatutario de los funcionarios públicos incluidos en su ámbito de aplicación y determinar las normas aplicables al personal laboral al servicio de las Administraciones Públicas.

3. c) El personal estatutario de los servicios de salud.

4. c) Supletorio.

5. c) Personal de las Fuerzas y Cuerpos de Seguridad.

6. c) Dual de regímenes jurídicos, personal funcionario y personal laboral.

7. b) A los Empleados públicos.

8. c) En el ejercicio de las potestades públicas.

9. d) Desempeño de servicios profesionales retribuidos de carácter permanente.

10. c) Superior a 3 años, ampliable hasta doce meses más por las leyes de Función Pública que se dicten en desarrollo del EBEP.

11. a) Urgencia.

12. d) Que impliquen la participación directa o indirecta en la salvaguardia de los intereses generales del Estado y de las Administraciones Públicas.

13. d) Este personal solo realiza funciones expresamente calificadas como de confianza o asesoramiento especial.

14. c) Cuando se produzca el cese de la autoridad a la que se preste la función de confianza o asesoramiento.

15. a) Su designación atenderá a principios de mérito y capacidad.

16. a) A la inamovilidad en la condición de funcionario de carrera.

17. d) Dentro de los límites del ordenamiento jurídico.

18. a) Dos años.

19. a) La evaluación del desempeño.

20. c) Las cuantías de las retribuciones básicas y el incremento de las cuantías globales de las retribuciones complementarias de los funcionarios, así como el incremento de la masa salarial del personal laboral, deberán reflejarse para cada ejercicio presupuestario en la correspondiente ley de presupuestos.

Los empleados públicos (II): adquisición y pérdida de la relación de servicio, situaciones administrativas y régimen disciplinario

1. ¿Cuál de los siguientes no es un sistema de selección de personal laboral fijo en la Administración Pública?

a) Transferencia o cesión.
b) Oposición.
c) Concurso-oposición.
d) Concurso de valoración de méritos.

2. ¿Cuál es la edad mínima para poder participar en los procesos selectivos de acceso al empleo público?

a) 14 años.
b) 16 años.
c) 17 años.
d) 18 años.

3. Podrá/n formar parte de los órganos de selección:

a) El personal eventual.
b) Los funcionarios interinos.
c) El personal de designación política.
d) El personal laboral.

4. ¿Puede utilizarse el sistema de concurso de valoración de méritos para la selección de personal funcionario de carrera?

a) No, solo se permiten los sistemas de oposición y concurso-oposición.
b) Excepcionalmente, en virtud de ley.

c) Sí, es uno de los sistemas permitidos.

d) Únicamente para la consolidación de empleo.

5. Según el artículo 55.2 del EBEP, en la actuación de los órganos de selección se garantizará el cumplimiento del principio de independencia y:

a) Discreción técnica.

b) Imparcialidad.

c) Transparencia.

d) Agilidad.

6. Quedará privado durante el tiempo de permanencia en la misma del ejercicio de sus funciones y de todos los derechos inherentes a la condición, el funcionario que se encuentre en situación de:

a) Servicio activo.

b) Excedencia.

c) Suspensión de funciones.

d) Servicios especiales.

7. Los funcionarios que se encuentren en situación de servicios especiales:

a) Percibirán las retribuciones del puesto o cargo que desempeñen y no las que les correspondan como funcionarios de carrera.

b) Percibirán las retribuciones que les correspondan como funcionarios de carrera.

c) No percibirán los trienios que tienen reconocidos durante el tiempo de servicio especial.

d) El tiempo que permanezcan en tal situación no se les puede computar a efectos de ascensos.

8. Se considerarán funcionarios en servicio activo:

a) Los funcionarios de carrera.

b) Los funcionarios que accedan a la condición de Diputado o Senador de las Cortes Generales o miembros de las asambleas legislativas de las comunidades autónomas si perciben retribuciones periódicas por la realización de la función.

c) Los funcionarios que sean autorizados para realizar una misión por periodo determinado superior a seis meses en organismos internacionales, gobiernos o entidades públicas extranjeras o en programas de cooperación internacional.

d) Los funcionarios que sean designados para formar parte del Consejo General del Poder Judicial o de los consejos de justicia de las comunidades autónomas.

9. Cuando un funcionario se encuentre en situación de servicios especiales:

a) No percibirá retribución alguna.

b) No se computará dicho periodo para promoción interna.

c) Tendrá derecho, al menos, a reingresar al servicio activo en la misma localidad, en las condiciones y con las retribuciones correspondientes a la categoría, nivel o escalón de la carrera consolidados, de acuerdo con el sistema de carrera administrativa vigente en la Administración Pública a la que pertenezcan.

d) Percibirá las retribuciones que le correspondan como funcionario de carrera, así como los trienios reconocidos.

10. Los funcionarios públicos que hayan sido nombrados miembros del Poder Judicial:

a) Recibirán el mismo tratamiento en consolidación del grado que tenían durante este periodo de servicio especial.

b) Recibirán el tratamiento en consolidación del grado que tenían antes de acceder a ser miembro del Poder Judicial.

c) Recibirán el mismo tratamiento en la consolidación del grado y conjunto de complementos que se establezca para quienes hayan sido directores generales y otros cargos superiores de la correspondiente Administración Pública.

d) Recibirán el mismo tratamiento en la consolidación del grado que se establezca para quienes hayan sido directores generales y otros cargos superiores de la correspondiente Administración Pública, pero no en el conjunto de complementos.

11. ¿Qué tipo de falta disciplinaria cometerán los funcionarios públicos o el personal laboral que adopten acuerdos manifiestamente ilegales que causen perjuicio grave a la Administración?

a) Falta muy grave.
b) Falta grave.
c) Falta leve.
d) No cometerán ningún tipo de falta salvo que los acuerdos causaran un perjuicio a los administrados.

12. El acoso laboral por parte de los funcionarios públicos o el personal laboral será constitutivo de infracción disciplinaria:

a) Muy grave.
b) Grave.
c) Menos grave.
d) Leve.

13. ¿Cuándo prescribirán las infracciones disciplinarias muy graves a tenor de lo dispuesto en el art. 97 del Real Decreto Legislativo 5/2015, de 30 de octubre, por el que se aprueba el texto refundido de la Ley del Estatuto Básico del Empleado Público?

a) A los cinco años.
b) A los tres años.
c) A los dos años.
d) Al año.

14. La incomparecencia injustificada en las Comisiones de Investigación de las Cortes Generales será constitutiva de infracción disciplinaria:

a) Muy grave.
b) Grave.
c) Menos grave.
d) Solo será constitutiva de infracción disciplinaria muy grave la incomparecencia injustificada en las Comisiones de Investigación de las asambleas legislativas de las comunidades autónomas.

15. ¿Cuándo prescriben las sanciones disciplinarias impuestas por faltas muy graves al Real Decreto Legislativo 5/2015, de 30 de octubre, por el que se aprueba el texto refundido de la Ley del Estatuto Básico del Empleado Público?

a) A los cinco años.
b) A los diez años.
c) A los tres años.
d) A los dos años.

16. ¿Cuándo comenzará a contarse el plazo de prescripción de las faltas disciplinarias cuando se trate de faltas continuadas?

a) Desde el día de comisión de la primera falta.
b) Desde el cese de su comisión.
c) Desde el día siguiente en que se hubiese cometido la última falta disciplinaria.
d) Desde el día en que se hubiera cometido la infracción disciplinaria más grave.

17. ¿La imposición de qué tipo de sanciones se llevará a cabo por procedimiento sumario con audiencia al interesado?

a) La imposición de sanciones por faltas muy graves.
b) La imposición de sanciones por faltas graves.
c) La imposición de sanciones por faltas leves.
d) La imposición de sanciones por faltas muy graves y graves.

18. El incumplimiento de la obligación de atender los servicios esenciales en caso de huelga por parte de los funcionarios públicos o el personal laboral será constitutivo de infracción disciplinaria:

a) Muy grave.
b) Grave.
c) Menos grave.
d) Leve.

19. ¿Quién establece cuáles serán las faltas graves del personal laboral?

a) La asamblea legislativa de la correspondiente comunidad autónoma.
b) Las Cortes Generales mediante ley.

c) Por medio de los convenios colectivos.

d) La persona titular del Ministerio competente en materia de función pública, vía reglamento.

20. La sanción de despido disciplinario del personal laboral solo podrá sancionar la comisión de faltas:

a) Muy graves.
b) Graves.
c) Muy graves y graves.
d) Leves.

En MADTEST tienes **más preguntas de este tema**, y todos tus avances quedan registrados y se reflejan en el ranking.

¡Supera tus límites con MADTEST!

Solución al test n.º 18

1. a) Transferencia o cesión.

2. b) 16 años.

3. d) El personal laboral.

4. b) Excepcionalmente, en virtud de ley.

5. a) Discreción técnica.

6. c) Suspensión de funciones.

7. a) Percibirán las retribuciones del puesto o cargo que desempeñen y no las que les correspondan como funcionarios de carrera.

8. a) Los funcionarios de carrera.

9. c) Tendrá derecho, al menos, a reingresar al servicio activo en la misma localidad, en las condiciones y con las retribuciones correspondientes a la categoría, nivel o escalón de la carrera consolidados, de acuerdo con el sistema de carrera administrativa vigente en la Administración Pública a la que pertenezcan.

10. c) Recibirán el mismo tratamiento en la consolidación del grado y conjunto de complementos que se establezca para quienes hayan sido directores generales y otros cargos superiores de la correspondiente Administración Pública.

11. a) Falta muy grave.

12. a) Muy grave.

13. b) A los tres años.

14. a) Muy grave.

15. c) A los tres años.

16. b) Desde el cese de su comisión.

17. c) La imposición de sanciones por faltas leves.

18. a) Muy grave.

19. c) Por medio de los convenios colectivos.

20. a) Muy graves.

Los empleados públicos (III): peculiaridades del régimen de los empleados públicos de las entidades locales. Estructura de la función pública local

1. Para poder participar en los concursos de provisión de puestos de trabajo o ser nombrados con carácter provisional en otro puesto de trabajo, salvo en el ámbito de una misma Entidad Local, los funcionarios deberán permanecer en cada puesto de trabajo, obtenido por concurso, un mínimo de:

a) Cinco años.
b) Tres años.
c) Dos años.
d) Un año.

2. Los titulares de la Secretaría-Intervención ejercerán sus funciones en las Secretarías de clase tercera, es decir, de Ayuntamientos de Municipios:

a) Con población inferior a 5.001 habitantes y cuyo Presupuesto no exceda de 3.010.060 euros.
b) Con población inferior a 3.001 habitantes y cuyo Presupuesto no exceda de 2.999.000 euros.
c) Con población inferior a 2.501 habitantes y cuyo Presupuesto no exceda de 1.500.060 euros.
d) Con población inferior a 1.00 habitantes y cuyo Presupuesto no exceda de 1.010.060 euros.

3. ¿A qué Subescala pertenecen los funcionarios que realicen tareas administrativas, normalmente de trámite y colaboración?

a) A la Subescala Técnica de Administración General.
b) A la Subescala de Gestión de Administración General.
c) A la Subescala Administrativa de Administración General.
d) A la Subescala Auxiliar de Administración General.

4. ¿A qué Subescala pertenecen los funcionarios que realicen tareas de mecanografía y taquigrafía?

a) A la Subescala Técnica de Administración General.
b) A la Subescala de Gestión de Administración General.

c) A la Subescala Administrativa de Administración General.
d) A la Subescala Auxiliar de Administración General.

5. A tenor del art. 169.2 TR/86, ¿qué titulación se precisa para ingresar en la Subescala Administrativa?

a) Licenciado en Derecho, en Ciencias Políticas, Económicas o Empresariales, Intendente Mercantil o Actuario.
b) Bachiller, Formación Profesional de Segundo Grado, o equivalente.
c) Graduado Escolar, Formación Profesional de Primer Grado o equivalente.
d) Certificado de Escolaridad.

6. Salvo que el Ministerio de Política Territorial y Memoria Democrática autorice su creación en los de censo inferior, la Policía Local solo existirá en los Municipios con población superior a:

a) 1.500 habitantes.
b) 3.000 habitantes.
c) 4.000 habitantes.
d) 5.000 habitantes.

7. Los empleos de Inspector y Subinspector de Policía Local solo podrán crearse en los Municipios de más de:

a) 25.000 habitantes.
b) 50.000 habitantes.
c) 75.000 habitantes.
d) 100.000 habitantes.

8. La titulación exigible para ser funcionario del grupo C1, según el Real Decreto Legislativo 5/2015, de 30 de octubre, por el que se aprueba el texto refundido de la Ley del Estatuto Básico del Empleado Público, es:

a) Título de Bachiller o Técnico.
b) Título de Graduado en Educación Secundaria Obligatoria
c) Título de Técnico Superior.
d) Título de ESO.

9. Los miembros de los Cuerpos de Policía Local, en el ejercicio de sus funciones, tendrán a todos los efectos legales el carácter de:

a) Agentes de la Autoridad.
b) Autoridad.

c) Delegados de la Autoridad.
d) Auxiliares de la Autoridad.

10. Señala la respuesta incorrecta respecto al régimen jurídico del personal laboral:

a) La Jurisdicción competente en esta materia es la Contencioso-Administrativa.
b) Dentro de este personal, por razón de la fijeza de su vinculación a la Entidad de que se trate, se distingue entre los contratados indefinidamente y los contratados temporalmente.
c) La selección de este personal se hará por concurso, concurso-oposición u oposición libre.
d) La contratación de este personal corresponde al Alcalde o al Presidente de la Diputación Provincial, a quien compete, también, la asignación del mismo a los distintos puestos de trabajo de carácter laboral previstos en las Relaciones de Puestos de Trabajo aprobadas por la Corporación, de acuerdo con la legislación laboral.

11. Los Ayuntamientos de Municipios con población superior a 50.000 y no superior a 75.000 habitantes podrán incluir en sus plantillas puestos de trabajo de personal eventual por un número que no podrá exceder de:

a) Uno.
b) Dos.
c) Siete.
d) La mitad de concejales de la Corporación local.

12. ¿Con qué frecuencia publicarán las Corporaciones locales en su sede electrónica y en el Boletín Oficial de la Provincia o, en su caso, de la Comunidad Autónoma uniprovincial el número de los puestos de trabajo reservados a personal eventual?

a) Cada cinco años.
b) Cada dos años.
c) Anualmente.
d) Semestralmente.

13. Siguiendo las nuevas titulaciones, se exigirá título de Graduado en Educación Secundaria Obligatoria para pertenecer al Subgrupo:

a) A1.
b) B2.
c) C1.
d) C2.

14. El Texto Refundido de la Ley del Estatuto Básico del Empleado Público se aprobó por:

a) Real Decreto Legislativo 12/2007, de 13 de marzo.
b) Real Decreto Legislativo 5/2012, de 13 de mayo.
c) Real Decreto Legislativo 5/2015, de 30 de octubre.
d) Real Decreto Legislativo 3/2015, de 14 de abril.

15. Los Concursos de Méritos para proveer puestos de trabajo los resuelve, en un Municipio de régimen común, el/la:

a) Pleno.
b) Junta de Gobierno Local.
c) Presidente de la Corporación.
d) Junta de Personal.

16. Los sistemas de provisión de puestos de funcionarios son:

a) La oposición.
b) El concurso de méritos.
c) La libre designación.
d) Las respuestas b) y c) son ciertas.

17. La constitución del Registro de Personal:

a) Se efectúa a nivel estatal.
b) Es facultativa para las Corporaciones Locales.
c) Es obligatoria para las Corporaciones Locales.
d) Se supedita a la voluntad de la correspondiente Comunidad Autónoma.

18. ¿Cuál es la norma vigente por la que se regula el régimen jurídico de los funcionarios de Administración Local con habilitación de carácter nacional?

a) La Ley 5/2008, de 29 de octubre.
b) El Real Decreto 1174/1987, de 18 de septiembre.
c) El Real Decreto 128/2018, de 16 de marzo.
d) La Ley 34/2016, de 3 de abril.

19. ¿En qué clase se encuadrarían las Secretarías de Ayuntamientos de municipios cuyas poblaciones están comprendidas entre 5.001 y 20.000 habitantes?

a) Clase primera.
b) Clase segunda.
c) Clase tercera.
d) Clase cuarta.

20. Como regla general, en las Entidades Locales cuya Secretaría esté clasificada en clase tercera, las funciones propias de la Intervención:

a) No se llevarán a cabo dichas funciones, que las desempeñará el Interventor de la Diputación Provincial respectivo.
b) Existirán dos puestos de trabajo denominados Intervención Municipal.
c) Existirá un puesto de trabajo denominado Intervención.
d) Formarán parte del contenido del puesto de trabajo de Secretaría.

En MADTEST tienes **más preguntas de este tema**, y todos tus avances quedan registrados y se reflejan en el ranking.

¡Supera tus límites con MADTEST!

Solución al test n.º 19

1. c) Dos años.

2. a) Con población inferior a 5.001 habitantes y cuyo Presupuesto no exceda de 3.010.060 euros.

3. c) A la Subescala Administrativa de Administración General.

4. d) A la Subescala Auxiliar de Administración General.

5. b) Bachiller, Formación Profesional de Segundo Grado, o equivalente.

6. d) 5.000 habitantes.

7. d) 100.000 habitantes.

8. a) Título de Bachiller o Técnico.

9. a) Agentes de la Autoridad.

10. a) La Jurisdicción competente en esta materia es la Contencioso-Administrativa.

11. d) La mitad de concejales de la Corporación local.

12. d) Semestralmente.

13. d) C2.

14. c) Real Decreto Legislativo 5/2015, de 30 de octubre .

15. c) Presidente de la Corporación.

16. d) Las respuestas b) y c) son ciertas.

17. c) Es obligatoria para las Corporaciones Locales.

18. c) El Real Decreto 128/2018, de 16 de marzo.

19. b) Clase segunda.

20. d) Formarán parte del contenido del puesto de trabajo de Secretaría.

TEST N.º 20

La Ley de Prevención de Riesgos laborales: objeto y carácter de la norma, derecho a la protección frente a los riesgos laborales, servicios de prevención

1. ¿Cuál es la vigente Ley de Prevención de Riesgos Laborales?

a) Ley 32/1995, de 8 de noviembre.
b) Ley 30/1996, de 8 de noviembre.
c) Ley 31/1995, de 6 de noviembre.
d) Ley 31/1995, de 8 de noviembre.

2. La Ley de Prevención de Riesgos laborales, tiene por objeto:

a) Prevenir los accidentes en general.
b) Evitar riesgos en el recorrido al puesto de trabajo.
c) Promover la seguridad y la salud de los trabajadores.
d) Que cada vez haya menos accidentes de tráfico.

3. ¿Qué se entiende por "riesgo laboral"?

a) La posibilidad de que un trabajador sufra un determinado daño derivado del trabajo.
b) La posibilidad de que un trabajador sufra una enfermedad en el trabajo.
c) La posibilidad de que un trabajador sufra acoso.
d) El riesgo que supone el ir a trabajar.

4. Indica cuál es la definición de prevención:

a) La probabilidad racional de que un riesgo se materialice de forma inminente.
b) El estudio de los procesos potencialmente peligrosos para el trabajo.
c) Conjunto de actividades o medidas adoptadas o previstas en todas las fases de actividad de la empresa con el fin de evitar o disminuir los riesgos derivados del trabajo.
d) Posibilidad de que un trabajador sufra un determinado daño derivado del trabajo.

5. Según establece el art. 4 de la Ley 31/1995, de 8 de noviembre, de Prevención de Riesgos Laborales, se define como daños derivados del trabajo:

a) La posibilidad de que un trabajador sufra un determinado daño derivado del trabajo.

b) El que resulte probable racionalmente que se materialice en un futuro inmediato y pueda suponer y pueda suponer un daño grave para la salud de los trabajadores.

c) Las enfermedades, patologías o lesiones sufridas con motivo u ocasión del trabajo.

d) Cualquier máquina, aparato, instrumento o instalación utilizada en el trabajo.

6. Señala la respuesta incorrecta:

a) La Ley de Prevención de Riesgos Laborales se aplica a los operativos de Seguridad civil en casos de catástrofe.

b) La Ley de Prevención de Riesgos Laborales se aplica a las sociedades cooperativas.

c) En el ámbito de la relación laboral de carácter especial del servicio del hogar familiar, las personas trabajadoras tienen derecho a una protección eficaz en materia de seguridad y salud en el trabajo.

d) En los establecimientos penitenciarios, se adaptarán a la Ley de Prevención de Riesgos Laborales aquellas actividades cuyas características justifiquen una regulación especial.

7. Para calificar un riesgo desde el punto de vista de su gravedad, se valorarán conjuntamente la severidad del daño y:

a) La probabilidad de que se produzca.

b) La cantidad de trabajadores de la empresa.

c) La existencia o no de equipos individuales de protección.

d) Las condiciones de trabajo.

8. El derecho básico reconocido a los trabajadores por la Ley 31/1995, de 8 de noviembre, es:

a) La vigilancia de su estado de salud.

b) Una protección eficaz en materia de seguridad y salud en el trabajo.

c) La formación en materia preventiva.

d) La información, consulta y participación.

9. Entre los principios de la acción preventiva recogidos por el artículo 15 de la Ley de Prevención de Riesgos Laborales, no figura:

a) Evitar los riesgos.

b) Evaluar los riesgos que se puedan evitar.

c) Tener en cuenta la evolución de la técnica.

d) Dar las debidas instrucciones a los trabajadores.

10. En el marco de sus responsabilidades, el empresario realizará la prevención de los riesgos laborales mediante la integración en la empresa de:

a) Los equipos de protección individual.
b) Los Servicios de Prevención propios.
c) La actividad preventiva.
d) La normativa comunitaria.

11. Los instrumentos esenciales para la gestión y aplicación del Plan de prevención de riesgos laborales son:

a) La evaluación de riesgos y la planificación de la actividad preventiva.
b) La evaluación inicial de riesgos y la formación.
c) La planificación y la gestión de la actividad preventiva.
d) La identificación y la evaluación de los riesgos.

12. En relación a la vigilancia de la salud que ha de garantizar el empresario, el acceso a la información médica de carácter personal:

a) Se limitará al empresario y a los Servicios de Prevención propios.
b) Se limitará al Jefe inmediato del trabajador.
c) Sólo será accesible al propio trabajador.
d) Se limitará al personal médico y a las autoridades sanitarias que lleven a cabo la vigilancia.

13. Según la Ley de Prevención de Riesgos Laborales, es obligación de los trabajadores en materia de prevención de riesgos:

a) La protección eficaz en materia de seguridad y salud en el trabajo.
b) Utilizar correctamente los medios y equipos de protección facilitados por el empresario, de acuerdo con las instrucciones recibidas de éste.
c) Soportar el coste de las medidas relativas a la seguridad y la salud en el trabajo.
d) Desarrollar una acción permanente de seguimiento de la actividad preventiva.

14. Cuando los trabajadores estén expuestos a un riesgo grave e inminente con ocasión de su trabajo, y el empresario no adopte o no permita la adopción de las medidas necesarias para garantizar la seguridad y la salud de los trabajadores, la Ley 31/1995, de 8 de noviembre, de Prevención de Riesgos Laborales prevé que:

a) Los trabajadores afectados podrán paralizar la actividad.
b) El órgano de representación del personal instará formalmente al empresario a la adopción de las medidas necesarias.
c) Los Delegados de Prevención lo comunicarán a la autoridad laboral, que adoptará las medidas necesarias.
d) El órgano de representación de personal podrá acordar la paralización de la actividad.

15. El art. 23 de la LPRL establece la documentación que el empresario debe elaborar y conservar a disposición de la autoridad laboral. De las siguientes no está incluido:

a) El Plan de prevención de riesgos laborales.

b) Evaluación de los riesgos para la seguridad y la salud en el trabajo.

c) La planificación de la actividad laboral.

d) La relación de accidentes de trabajo y enfermedades profesionales que hayan causado al trabajador una incapacidad laboral superior a un día de trabajo.

16. El posible cambio de puesto de trabajo con riesgo para una trabajadora embarazada:

a) Deberá realizarse en caso de imposibilidad de adaptación del propio puesto.

b) Se hará previo informe en tal sentido del Servicio de Prevención.

c) Se determinará por el empresario, y dará información a los representantes de los trabajadores.

d) Se extenderá al período de lactancia.

17. ¿Cuándo se deben utilizar los equipos de protección individual?

a) Siempre.

b) Cuando los riesgos no hayan sido evaluados.

c) Cuando los riesgos no se puedan evitar o no puedan limitarse.

d) Cuando el trabajador lo estime oportuno.

18. Las trabajadoras embarazadas ¿tienen derecho a ausentarse del trabajo para la realización de exámenes prenatales y técnicas de preparación al parto?

a) Sí, con derecho a remuneración, previo aviso al empresario y justificación de la necesidad de su realización dentro de la jornada de trabajo.

b) Sí, con derecho a remuneración, sin necesidad de avisar al empresario ni justificar la necesidad de su realización dentro de la jornada de trabajo.

c) Sí, sin derecho a remuneración, previo aviso al empresario y justificación de la necesidad de su realización dentro de la jornada de trabajo.

d) No, en ningún caso.

19. En las empresas de hasta 30 trabajadores el Delegado de Prevención será:

a) El propio empresario.

b) El trabajador más antiguo.

c) El trabajador de mayor cualificación.

d) El delegado de personal.

20. Según la Ley de Prevención de Riesgos Laborales, se constituirá un Comité de Seguridad y Salud en todas las empresas o centros de trabajo que cuenten con:

a) 30 o más trabajadores.
b) 50 o más trabajadores.
c) 75 o más trabajadores.
d) 100 o más trabajadores.

En MADTEST tienes **más preguntas de este tema**, y todos tus avances quedan registrados y se reflejan en el ranking.

¡Supera tus límites con MADTEST!

Solución al test n.º 20

1. d) Ley 31/1995, de 8 de noviembre.

2. c) Promover la seguridad y la salud de los trabajadores.

3. a) La posibilidad de que un trabajador sufra un determinado daño derivado del trabajo.

4. c) Conjunto de actividades o medidas adoptadas o previstas en todas las fases de actividad de la empresa con el fin de evitar o disminuir los riesgos derivados del trabajo.

5. c) Las enfermedades, patologías o lesiones sufridas con motivo u ocasión del trabajo.

6. a) La Ley de Prevención de Riesgos Laborales se aplica a los operativos de Seguridad civil en casos de catástrofe.

7. a) La probabilidad de que se produzca.

8. b) Una protección eficaz en materia de seguridad y salud en el trabajo.

9. b) Evaluar los riesgos que se puedan evitar.

10. c) La actividad preventiva.

11. a) La evaluación de riesgos y la planificación de la actividad preventiva.

12. d) Se limitará al personal médico y a las autoridades sanitarias que lleven a cabo la vigilancia.

13. b) Utilizar correctamente los medios y equipos de protección facilitados por el empresario, de acuerdo con las instrucciones recibidas de éste.

14. d) El órgano de representación de personal podrá acordar la paralización de la actividad.

15. c) La planificación de la actividad laboral.

16. a) Deberá realizarse en caso de imposibilidad de adaptación del propio puesto.

17. c) Cuando los riesgos no se puedan evitar o no puedan limitarse.

18. a) Sí, con derecho a remuneración, previo aviso al empresario y justificación de la necesidad de su realización dentro de la jornada de trabajo.

19. d) El delegado de personal.

20. b) 50 o más trabajadores.

SUPUESTOS PRÁCTICOS

SUPUESTO N.º 1

Dña. Carmina Navarro Rello, residente en Zaragoza, sufre una caída cuando caminaba por la acera de una céntrica calle de la ciudad el 25 de junio de 2021.

A causa de la caída sufre una rotura de ligamentos, que se le diagnostica por el servicio de urgencias el día 15 de julio de ese mismo año, que requiere de intervención quirúrgica y posterior rehabilitación.

Dña. Carmina, con fecha 10 de julio de 2022 dirige un escrito al Ayuntamiento de Zaragoza, poniendo de manifiesto dicha circunstancia y alegando que la caída se produjo porque una de las baldosas de la calle por la que transitaba estaba rota y por tanto sobresalía uno de los extremos, lo que le hizo tropezarse y caer. Junto con el escrito aporta fotografías donde se aprecia la baldosa rota y solicita una indemnización por daños y perjuicios de 3.000 euros.

CUESTIONES

1. ¿De qué tipo de procedimiento se trata?

a) De un procedimiento sancionador contra el Ayuntamiento.
b) De un procedimiento especial de lesiones.
c) De un procedimiento de responsabilidad patrimonial.
d) De un procedimiento en materia de Seguridad Social.

2. ¿En qué normativa se regula un procedimiento de estas características?

a) En la Ley 39/2015 de 1 de octubre de procedimiento administrativo común.
b) En el Real Decreto 429/1993 de 26 de marzo por el que se aprueba el Reglamento de los procedimientos de las AAPP en materia de responsabilidad patrimonial.
c) En la Ley 30/1992, de 26 de noviembre, del Régimen Jurídico de las AAPP y del Procedimiento Administrativo Común.
d) Todas las anteriores son correctas.

3. ¿De qué forma se ha iniciado el procedimiento administrativo?

a) A solicitud del interesado.
b) De oficio, por denuncia.
c) De oficio, por petición razonada de otro órgano.
d) De oficio, a iniciativa del órgano competente

4. ¿Ha prescrito el derecho de la interesada para interponer la reclamación?

a) Si, ya que ha transcurrido más de un año desde que se produjo el accidente.
b) No, ya que no ha transcurrido más de un año desde la curación o determinación de las secuelas.
c) Si, ya que ha transcurrido más de un mes desde que se produjo la lesión.
d) No, ya que en los supuestos de responsabilidad patrimonial no prescribe el derecho a reclamar.

5. De conformidad con la ley, ¿qué no es necesario que incluya la solicitud de iniciación que presente la interesada?

a) Las lesiones producidas.
b) La inequívoca relación de causalidad entre el funcionamiento de los servicios públicos y la lesión producida.
c) La evaluación económica, si fuera posible.
d) El momento en el que la lesión efectivamente se produjo.

6. Durante la fase de instrucción, ¿será obligatorio solicitar algún informe?

a) No, ya que los informes salvo disposición expresa en contrario, tendrán carácter facultativo y no vinculante.
b) Si, al tratarse de un procedimiento de responsabilidad patrimonial, se deberá solicitar dictamen del Consejo de Estado.
c) No, ya que la indemnización solicitada no excede de 50.000 €.
d) Si, se debe pedir informe al Servicio cuyo funcionamiento haya ocasionado la presunta lesión.

7. ¿Es posible aplicar la tramitación simplificada a éste tipo de procedimiento?

a) No.
b) Sí, de oficio, cuando una vez iniciado el procedimiento, el órgano competente para su tramitación considerara inequívoca la relación de causalidad entre el funcionamiento del servicio público y la lesión, así como la valoración del daño y el cálculo de la cuantía de la indemnización.

c) Sí, a solicitud del interesado, cuando una vez iniciado el procedimiento, el órgano competente para su tramitación considera inequívoca la relación de causalidad entre el funcionamiento del servicio público y la lesión, así como la valoración del daño y el cálculo de la cuantía de la indemnización.

d) Sólo se puede acordar antes de iniciarse el procedimiento.

8. A fecha 15 de enero de 2022 no se ha dictado resolución por parte del Ayuntamiento de Zaragoza. ¿Qué consecuencias tiene dicho hecho?

a) Que Dña. Carmina tiene que entender estimada su solicitud por silencio administrativo.

b) Al no haber transcurrido 1 año desde el inicio del procedimiento, la Administración aún está en plazo de resolver.

c) Al haber transcurrido 6 meses desde que se inició el procedimiento Dña. Carmina debe entender que la resolución es contraria a la indemnización.

d) Se puede entender que el procedimiento ha finalizado por terminación convencional.

9. ¿A qué órgano del Ayuntamiento de Zaragoza le corresponderá resolver un procedimiento de este tipo?

a) Alcalde.
b) Pleno.
c) Gobierno de Zaragoza
d) Alcalde o Pleno según la cuantía con la que se indemnice en su caso

10. ¿Qué clase de recurso administrativo cabría interponer contra la resolución que en su caso hubiese dictado el Ayuntamiento de Zaragoza en este procedimiento?

a) Recurso de alzada.
b) Recurso especial de revisión.
c) Recurso contencioso-administrativo.
d) Recurso potestativo de reposición

Solución al supuesto n.º 1

1. c) De un procedimiento de responsabilidad patrimonial.

Nos encontramos ante un caso de responsabilidad patrimonial. Se produce un hecho que puede dar lugar a la iniciación de un procedimiento de responsabilidad patrimonial, cuando se produce algún daño personal o material siendo consecuencia de una Administración Pública.

En concreto la Ley 40/2015, en su artículo 32, establece:

"Los particulares tendrán derecho a ser indemnizados por las Administraciones Públicas correspondientes, de toda lesión que sufran en cualquiera de sus bienes y derechos, siempre que la lesión sea consecuencia del funcionamiento normal o anormal de los servicios públicos salvo en los casos de fuerza mayor o de daños que el particular tenga el deber jurídico de soportar de acuerdo con la Ley".

2. a) En la Ley 39/2015 de 1 de octubre de procedimiento administrativo común.

La Ley 39/2015 en su título IV, junto con la regulación del procedimiento administrativo común, regula una serie de especialidades para el procedimiento de responsabilidad patrimonial y para el procedimiento sancionador, quedando derogado, a través de su Disposición Derogatoria Única el anterior reglamento de los procedimientos de responsabilidad patrimonial de las AAPP.

También queda derogada la Ley 30/1992 de 26 de noviembre, que regulaba en su título X la responsabilidad de las Administraciones Públicas, de sus autoridades y demás personal a su servicio.

3. a) A solicitud del interesado.

El artículo 67 de la ley 39/2015 contempla la iniciación del procedimiento de responsabilidad patrimonial a solicitud del interesado.

Hay que tener en cuenta, que a pesar de que pueda extrañar, la propia Administración puede iniciar un procedimiento de responsabilidad patrimonial contra sí misma, tal y como indica el artículo 65 de la LPAC.

No obstante, y entrando ya en el caso concreto, en este caso se ha presentado una reclamación por parte de la persona afecta y, por lo tanto, respondiendo a la pregunta, el procedimiento se ha iniciado a solicitud del interesado.

4. b) No, ya que no ha transcurrido más de un año desde la curación o determinación de las secuelas.

Cuestión de especial importancia, es conocer en los supuestos de responsabilidad patrimonial si ha prescrito o no el derecho a reclamar. Según el artículo 67 de la LPAC con carácter general el derecho a reclamar prescribe al año de haberse producido el acto o hecho que motive la indemnización. No obstante, en caso de daños de carácter físico o psíquico a las personas, el plazo empezará a computarse desde la curación o la determinación de las secuelas.

En el enunciado no se indica exactamente cuándo se ha podido producir la curación o determinación de las secuelas, pero sí que sabemos que con fecha 15 de julio de 2021 es cuando le diagnostican su patología y por lo tanto la curación y determinación de las secuelas tiene que producirse en una fecha posterior. De todo ello podemos concluir que el 10 de julio de 2022 que es cuando interpone la reclamación no ha transcurrido un año desde la curación o determinación de las secuelas.

5. b) La inequívoca relación de causalidad entre el funcionamiento de los servicios públicos y la lesión producida.

El artículo 67 de la ley 39/2015 nos indica que además de lo que establece el artículo 66:

"En la solicitud que realicen los interesados se deberán especificar las lesiones producidas, la presunta relación de causalidad entre éstas y el funcionamiento del servicio público, la evaluación económica de la responsabilidad patrimonial, si fuera posible, y el momento en el que la lesión efectivamente se produjo".

En este caso nos preguntan qué **NO es necesario** que incluya la solicitud. Por lo tanto, de acuerdo con el artículo, la inequívoca relación de causalidad no es correcta, puesto que la ley se refiere a *"la presunta relación de causalidad"*.

6. d) Si, se debe pedir informe al Servicio cuyo funcionamiento haya ocasionado la presunta lesión.

Para responder esta pregunta, tenemos que acudir a la fase de instrucción y dentro de los informes hay un artículo dedicado a los informes necesarios en los procedimientos de responsabilidad patrimonial (artículo 81). Por la propia naturaleza de estos procedimientos siempre van a ser necesario ciertos informes para contrastar y dar la razón o no a la reclamación del interesado. El apartado 1 del citado artículo 81 establece que en todo caso será preceptivo informe del servicio cuyo funcionamiento haya ocasionado la presunta lesión. No es necesario informe del Consejo de Estado ya que la indemnización reclamada no excede de 50.000.

7. b) Sí, de oficio, cuando una vez iniciado el procedimiento, el órgano competente para su tramitación considerara inequívoca la relación de causalidad entre el funcionamiento del servicio público y la lesión, así como la valoración del daño y el cálculo de la cuantía de la indemnización.

Para resolver esta nos tenemos que remitir al artículo 96 de la ley 39/2015 que regula la tramitación simplificada, y que señala que la aplicación de éste procedimiento podrá acordarse tanto de oficio como a solicitud del interesado. No obstante, el apartado 4 se refiere a los procedimientos de responsabilidad patrimonial, señalando que:

"Si una vez iniciado el procedimiento administrativo, el órgano competente para su tramitación considera inequívoca la relación de causalidad entre el funcionamiento del servicio público y la lesión, así como la valoración del daño y el cálculo de la cuantía de la indemnización, podrá acordar de oficio la suspensión del procedimiento general y la iniciación de un procedimiento simplificado".

Por lo tanto, en los casos de responsabilidad patrimonial sólo cabe la aplicación de este procedimiento cuando se aprecie de oficio que concurren dichas circunstancias y no cabe a solicitud del interesado.

8. c) Al haber transcurrido 6 meses desde que se inició el procedimiento Dña. Carmina debe entender que la resolución es contraria a la indemnización.

Dentro de la finalización del procedimiento, el artículo 91 recoge las especialidades de la resolución de los procedimientos en materia de responsabilidad patrimonial. En este caso hay que entender que el silencio es negativo, es decir, la falta de resolución transcurridos 6 meses (15 de enero de 2022) desde que se inició el procedimiento (10 de julio de 2022) sin que haya recaído o notificado resolución expresa, supone que se desestima la solicitud del interesado. El artículo 24 de la LPAC también establece que el silencio es negativo en los casos de procedimientos de responsabilidad patrimonial.

9. c) Gobierno de Zaragoza.

Para concretar qué competencia corresponde a cada órgano municipal tendríamos que remitirnos a los artículos 123 y siguientes de la ley 7/85 de 2 de abril, reguladora de las bases del régimen local, ya que Zaragoza es un municipio al que se le aplica el régimen de organización de los municipios de gran población.

No obstante, en dichos artículos no se hace referencia concreta a quien ostenta la competencia para resolver estos procedimientos. Así, tenemos que acudir a la ley 10/2017 de 30 de noviembre, de régimen especial del municipio de Zaragoza como capital de Aragón, que en su art. 14.t) señala como una competencia del Gobierno de Zaragoza:

"La resolución de los procedimientos de responsabilidad patrimonial por el funcionamiento de los servicios públicos municipales".

10. d) Recurso potestativo de reposición.

Los recursos administrativos se regulan en los artículos 112 y siguientes de la ley 39/2015. Para conocer qué tipo de recurso es admisible, en primer lugar, tenemos que identificar si la resolución pone fin o no a la vía administrativa. En el caso de régimen local, para conocer esta cuestión tenemos que remitirnos al artículo 52 de la ley 7/1985 (ya que el artículo 114 de la ley 39/2015 no hace referencia a los órganos locales). De acuerdo con dicho artículo 52, las resoluciones de la Junta de Gobierno Local (en el caso de Zaragoza, el Gobierno de Zaragoza), ponen fin a la vía administrativa, por lo que según el artículo 123 de la ley 39/2015, el recurso administrativo que cabría interponer sería el potestativo de reposición.

Este artículo también señala que estos actos que ponen fin a la vía administrativa podrán ser recurridos directamente ante el orden jurisdiccional contencioso administrativo, pero ya no se trata de un recurso administrativo, como nos están preguntando en el enunciado.

SUPUESTO N.º 2

El Departamento de Policía del Ayuntamiento X comunica al Servicio de Contratación de dicho Ayuntamiento la necesidad de iniciar los trámites para la contratación de 5 vehículos de policía dado que los anteriores vehículos han quedado obsoletos.

Los nuevos vehículos son eléctricos y con cambio de marchas automático, es por ello por lo que resulta necesario que los miembros de la policía local reciban una formación de 5 horas para conocer el funcionamiento correcto de los nuevos vehículos. Dicha formación también se va a licitar en el mismo contrato de adquisición de los vehículos. La formación se impartirá durante dos años para que pueda ser conocida por los más de 1000 agentes de los que consta el Departamento de Policía Local. Como se prevé que puedan incorporarse nuevos agentes, se va a incluir la posibilidad de ampliar otro año más dicha formación.

El presupuesto base de licitación de los 5 vehículos asciende a 350.000 euros (IVA no incluido). 406.000 euros (IVA incluido).

El presupuesto base de licitación anual de la formación asciende a 4.500 euros (IVA no incluido). 5.220 euros (IVA incluido).

El presupuesto del Ayuntamiento X para el año 2024 cuenta con unos recursos ordinarios por importe de 16.913.400 euros. El Ayuntamiento X no tiene la consideración de municipio de gran población de conformidad con el título X de la Ley 7/1985 de 2 de abril reguladora de las bases del régimen local.

(Nota: todas las menciones que se realizan en el supuesto práctico a la "Ley 9/2017 de 8 de noviembre", "Ley de Contratos", o "LCSP", lo son a la Ley 9/2017 de 8 de noviembre de Contratos del Sector Público, por la que se transponen al ordenamiento jurídico español las Directivas del Parlamento Europeo y del Consejo 2014/23/UE y 2014/24/UE, de 26 de febrero de 2014.)

CUESTIONES

1. Con los datos aportados en el enunciado. ¿Qué tipo de contrato va a formalizar el Ayuntamiento X?

a) Contrato de suministro.
b) Contrato de servicios.

c) Contrato mixto.
d) Contrato privado.

2. ¿Cuál es el valor estimado del contrato?

a) 350.000 euros.
b) 354.500 euros.
c) 363.500 euros.
d) 421.660 euros.

3. De conformidad con la Ley de Contratos del Sector Público. ¿Cuál será el órgano de contratación?

a) Al Alcalde.
b) El Pleno.
c) A la Junta de Gobierno del municipio X.
d) Ninguna de las anteriores.

4. Identifica a qué área de gasto de la clasificación por programas y a que capítulo de la clasificación económica recogidos en la Orden EHA/356512008, de 3 de diciembre, por la que se aprueba la estructura de los presupuestos de las entidades locales, ha de aplicarse el gasto derivado del contrato de adquisición de vehículos para la Policía Local:

a) Área de Gasto 1 Capítulo 2.
b) Área de Gasto 9 Capítulo 2.
c) Área de Gasto 0 Capítulo 6.
d) Área de Gasto 1 Capítulo 6.

5. ¿En qué diario deberá publicarse el anuncio de licitación?

a) Perfil del contratante exclusivamente.
b) Boletín Oficial de la Unión Europea.
c) Boletín Oficial del Estado.
d) Boletín Oficial de la Provincia.

6. Algunas empresas están interesadas en participar en el proceso de licitación del referido contrato. ¿Cuál de las siguientes tiene prohibido contratar con las Administraciones Públicas?

a) La empresa X, la cual ha solicitado la declaración de concurso voluntario.
b) La empresa A, la cual no se halla al corriente de sus obligaciones con impuestas legalmente con la Seguridad Social.
c) La empresa B, la cual retiro indebidamente su proposición en un procedimiento de adjudicación de un contrato anteriormente.
d) Todas las anteriores no podrán contratar con las Administraciones Públicas.

7. Dadas las características del contrato, se ha elegido el procedimiento abierto de adjudicación. El plazo de presentación de proposiciones no será inferior a:

a) 10 días.
b) 15 días.
c) 35 días.
d) No existe plazo mínimo.

El expediente de contratación se aprobó el 5 de febrero de 2024, celebrándose la primera mesa de contratación el 8 de marzo de 2024.

Se presentan cuatro empresas, resultando adjudicado el contrato a la empresa CARPOL SA, por un importe de 320.000 euros. El acuerdo de adjudicación se aprueba por el órgano de contratación el 15 de mayo de 2024.

El contrato se firma el 17 de junio de 2024.

8. ¿A qué fase de ejecución del presupuesto de gastos corresponderá la aprobación del expediente de contratación?

a) Autorización del gasto.
b) Disposición o compromiso del gasto.
c) Ordenación del pago.
d) Retención del crédito.

9. ¿En qué fecha se perfecciona el contrato?

a) El 8 de marzo.
b) El 15 de mayo.
c) El 17 de junio.
d) El 5 de febrero.

10. Por otro lado, el Servicio Jurídico del Ayuntamiento de Zaragoza, es necesario renovar la suscripción online con la base de datos de "Jurisprudencia Jurídica.com". A través de dicha plataforma se puede tener acceso a todo tipo de resoluciones judiciales actualizadas, siendo fundamental la misma para que por parte del referido Servicio se puedan llevar a cabo sus funciones. ¿De qué tipo de contrato se trata?

a) Contrato de Servicios.
b) Contrato de Suministros.
c) Contrato Privado.
d) Contrato mixto.

Solución al supuesto n.º 2

El supuesto hace referencia a un expediente de contratación por parte del Ayuntamiento X. Para contestar a las preguntas se debe partir de la Ley 9/2017 de 8 de noviembre de Contratos del Sector Público, si bien también se incluye alguna pregunta relativa a la ejecución de los presupuestos cuya regulación se contiene en el Texto Refundido de la Ley Reguladora de la Ley de Haciendas Locales (RDL 2/2004 de 5 de marzo), en el Real Decreto 500/1990 de 28 de abril y en la Orden EHA/3565/2008, de 3 de diciembre, por la que se aprueba la estructura de los presupuestos de las entidades locales.

1. c) Contrato mixto.

En el presente contrato nos encontramos una prestación principal de suministro de vehículos, pero también existe una prestación de servicios por la formación que se va a impartir a los Policías Locales. Por lo tanto, se trata de un contrato mixto, regulado en el artículo 18 de la LCSP:

Se entenderá por contrato mixto aquel que contenga prestaciones correspondientes a otro u otros de distinta clase

En este contrato, tal y como se indica, la prestación principal es el suministro, y se regirá por las normas principales de dicho contrato de conformidad con el artículo 18:

a) Cuando un contrato mixto comprenda prestaciones propias de dos o más contratos de obras, suministros o servicios se atenderá al carácter de la prestación principal.

2. c) 363.500 euros.

El artículo 101 de la LCSP, recoge como se calcula el valor estimado de un contrato:

A todos los efectos previstos en esta Ley, el valor estimado de los contratos será determinado como sigue:

a) En el caso de los contratos de obras, suministros y servicios, el órgano de contratación tomará el importe total, sin incluir el Impuesto sobre el Valor Añadido, pagadero según sus estimaciones.

b) En el caso de los contratos de concesión de obras y de concesión de servicios, el órgano de contratación tomará el importe neto de la cifra de negocios, sin incluir el Impuesto sobre el Valor Añadido, que, según sus estimaciones, generará la empresa concesionaria durante la ejecución del mismo como contraprestación por las obras y los servicios objeto del contrato, así como de los suministros relacionados con estas obras y servicios.

2. *En el cálculo del valor estimado deberán tenerse en cuenta, como mínimo, además de los costes derivados de la aplicación de las normativas laborales vigentes, otros costes que se deriven de la ejecución material de los servicios, los gastos generales de estructura y el beneficio industrial. Asimismo, deberán tenerse en cuenta:*

a) Cualquier forma de opción eventual y las eventuales prórrogas del contrato.

b) Cuando se haya previsto abonar primas o efectuar pagos a los candidatos o licitadores, la cuantía de los mismos.

c) En el caso de que, de conformidad con lo dispuesto en el artículo 204, se haya previsto en el pliego de cláusulas administrativas particulares o en el anuncio de licitación la posibilidad de que el contrato sea modificado, se considerará valor estimado del contrato el importe máximo que este pueda alcanzar, teniendo en cuenta la totalidad de las modificaciones al alza previstas.

En el presente supuesto se debe calcular de la siguiente manera:

350.000 (contrato de suministros) + 4.500 x 2 (por el contrato de servicios que dura dos años) + 4.500 (por la posible prórroga del contrato de servicios por otro año más) = 363.500 euros.

Se debe tener en cuenta que el IVA no está incluido en el cálculo del valor estimado de un contrato.

3. a) Al Alcalde.

Al tratase de un municipio debemos remitirnos a la Disposición Adicional Segunda de la LCSP, la cual es especialmente importante en el ámbito local, ya que regula las competencias de las entidades locales en materia de contratación:

1. Corresponden a los Alcaldes y a los Presidentes de las Entidades Locales las competencias como órgano de contratación respecto de los contratos de obras, de suministro, de servicios, los contratos de concesión de obras, los contratos de concesión de servicios y los contratos administrativos especiales, cuando su valor estimado no supere el 10 por ciento de los recursos ordinarios del presupuesto ni, en cualquier caso, la cuantía de seis millones de euros, incluidos los de carácter plurianual cuando su duración no sea superior a cuatro años, eventuales prórrogas incluidas siempre que el importe acumulado de todas sus anualidades no supere ni el porcentaje indicado, referido a los recursos ordinarios del presupuesto del primer ejercicio, ni la cuantía señalada.

2. Corresponden al Pleno las competencias como órgano de contratación respecto de los contratos mencionados en el apartado anterior que celebre la Entidad Local, cuando por su valor o duración no correspondan al Alcalde o Presidente de la Entidad Local, conforme al apartado anterior. Asimismo, corresponde al Pleno la aprobación de los pliegos de cláusulas administrativas generales a los que se refiere el artículo 121 de esta Ley.

3. En los municipios de población inferior a 5.000 habitantes es igualmente competencia del Pleno autorizar la redacción y licitación de proyectos independientes relativos a cada una de las partes de una obra cuyo periodo de ejecución exceda al de un presupuesto anual, siempre que estas sean susceptibles de utilización separada en el sentido del uso general o del servicio, o puedan ser sustancialmente definidas.

4. En los municipios de gran población a que se refiere el artículo 121 de la Ley 7/1985, de 2 de abril, Reguladora de las Bases del Régimen Local, las competencias del órgano de contratación que se describen en los apartados anteriores se ejercerán por la Junta de Gobierno Local, cualquiera que sea el importe del contrato o la duración del mismo, siendo el Pleno el competente para aprobar los pliegos de cláusulas administrativas generales.

El 10 % de los recursos ordinarios del municipio X asciende a 1.691.340 euros (10% de 16.913.400 euros). El valor estimado no supera dicho importe, siendo además que el contrato tiene carácter plurianual.

Además, el municipio X, no es un municipio de gran población, por lo que no le resulta aplicable el apartado 4 de la Disposición Adicional Segunda de la Ley de Contratos del Sector Público.

En conclusión, el órgano competente es el Presidente de la Corporación.

4. d) Área de Gasto 1 Capítulo 6.

En esta pregunta se debe tener en cuenta la estructura presupuestaria de las entidades locales que se contiene con carácter fundamental en la Orden EHA/3565/2008, de 3 de diciembre, por la que se aprueba la estructura de los presupuestos de las entidades locales.

El coste del contrato supone un gasto y en la Orden EHA/3565/2008 dentro del estado de gastos distingue entre la clasificación económica y por programas, además de forma voluntaria se prevé la por unidades orgánicas.

Dentro de la clasificación económica el capítulo 6 recoge las inversiones reales. La adquisición de vehículos tiene el carácter de inversión, dado que tienen un carácter de permanencia, a diferencia de los gastos corrientes del capítulo 2.

En cuanto a la clasificación por programas, el área de gasto 1 recoge los gastos por servicios públicos, dentro de los cuales se incluye la adquisición de los citados vehículos para la Policía Local.

5. b) Boletín Oficial de la Unión Europea.

El artículo 135 de la LCSP establece:

El anuncio de licitación para la adjudicación de contratos de las Administraciones Públicas, a excepción de los procedimientos negociados sin publicidad, se publicará en el perfil de contratante. En los contratos celebrados por la Administración General del Estado, o por las entidades vinculadas a la misma que gocen de la naturaleza de Administraciones Públicas, el anuncio de licitación se publicará además en el «Boletín Oficial del Estado».

Cuando los contratos estén sujetos a regulación armonizada la licitación deberá publicarse, además, en el «Diario Oficial de la Unión Europea», debiendo los poderes adjudicadores poder demostrar la fecha de envío del anuncio de licitación.

Para saber si el contrato está sujeto a regulación armonizada (contrato "SARA") se debe comprobar si el valor estimado del contrato excede los límites indicados en el artículo 21 para los contratos de suministro.

Como el valor estimado del contrato (363.500 euros) excede dicho límite, el contrato está sujeto a regulación armonizada y el anuncio debe publicarse en el perfil del contratante y en el Diario Oficial de la Unión Europea. No es necesaria la publicación en el BOE al tratarse de una entidad local.

6. d) Todas las anteriores no podrán contratar con las Administraciones Públicas.

El artículo 71 de la LCSP regula las personas (físicas y jurídicas) que por distintas circunstancias tienen prohibido contratar con las entidades del sector público. Dentro de dichos supuestos encontramos circunstancias propias de las sociedades (no estar al corriente de las obligaciones tributarias, de seguridad social, etc) y por otro lado circunstancias debidas a anteriores procedimientos licitatorios (haber retirado una oferta, no haber formalizado el contrato, etc.).

De conformidad con dicho artículo, ninguna de las empresas citadas podría contratar con el Ayuntamiento X.

7. c) 35 días.

Para responder a esta pregunta debemos acudir al artículo 156 de la LCSP, en el que se establece el plazo de presentación de proposiciones en el procedimiento abierto:

En procedimientos abiertos de adjudicación de contratos sujetos a regulación armonizada, el plazo de presentación de proposiciones no será inferior a treinta y cinco días, para los contratos de obras, suministros y servicios, y a treinta días para las concesiones de obras y servicios, contados desde la fecha de envío del anuncio de licitación a la Oficina de Publicaciones de la Unión Europea

Al tratarse de un contrato de suministros y sujeto a regulación armonizada, el plazo no podrá ser inferior a 35 días.

8. a) Autorización del gasto.

La ejecución del presupuesto de gastos se regula en el artículo 183 y siguientes de la Ley Reguladora de las Haciendas Locales.

Así, el art. 184 establece las distintas fases del procedimiento de gestión de los gastos:

1. La gestión del presupuesto de gastos se realizará en las siguientes fases cuyo contenido se establecerá reglamentariamente:

a) Autorización de gasto.

b) Disposición o compromiso de gasto.

c) Reconocimiento o liquidación de la obligación.

d) Ordenación de pago.

Además, el Real Decreto 500/1990 de 20 de abril por el que se desarrolla el capítulo primero del título sexto de la ley 39/1988 de 28 de diciembre, reguladora de las Haciendas Locales, en materia de presupuestos recoge en el artículo 52 y siguientes con más detalle en que consiste cada una de estas fases.

Respecto de la fase de autorización del gasto (Fase A), artículo 54:

1. La autorización es el acto mediante el cual se acuerda la realización de un gasto determinado por una cuantía cierta o aproximada, reservando a tal fin la totalidad o parte de un crédito presupuestario.

2. La autorización constituye el inicio del procedimiento de ejecución del gasto, si bien no implica relaciones con terceros externos a la Entidad local.

En nuestro caso, la fase A sería la aprobación del expediente de contratación el 5 de febrero (en esta fase todavía no se hace referencia a ningún tercero ni se conoce cuál será el importa ofertado por el licitador que resulte adjudicatario del contrato), por tanto, la respuesta correcta es la a).

9. c) El 17 de junio.

El artículo 36 de la LCSP establece:

Los contratos que celebren los poderes adjudicadores, a excepción de los contratos menores y de los contratos basados en un acuerdo marco y los contratos específicos en el marco de un sistema dinámico de adquisición a los que se refiere el apartado 3 de este artículo, se perfeccionan con su formalización.

La formalización del contrato es la firma del mismo y por lo tanto en el supuesto, la fecha en que se lleva a cabo es el 17 de junio de 2024.

10. c) Contrato Privado.

El contrato que se indica en la pregunta 10 tiene por objeto la suscripción a una base de datos, tal y como establece el artículo 25.1 a) 2º de la LCSP estos tipos de contratos tienen la consideración de contratos privados:

Tendrán carácter administrativo los contratos siguientes, siempre que se celebren por una Administración Pública:

a) Los contratos de obra, concesión de obra, concesión de servicios, suministro y servicios. No obstante, tendrán carácter privado los siguientes contratos:

(…)

Aquellos cuyo objeto sea la suscripción a revistas, publicaciones periódicas y bases de datos.

SUPUESTO N.º 3

El municipio Z según datos de su padrón municipal de enero de 2023 cuenta con 180.000 habitantes siendo capital de provincia.

El 15 de febrero de 2024 se ha aprobado el presupuesto del municipio Z para el año 2024 el cual presenta el siguiente resumen de la clasificación económica del mismo:

Ingresos		
Capítulo	**Denominación**	**Importe**
1	Impuestos directos	60.520.000,00
2	Impuestos indirectos	9.850.630,00
3	Tasas, precios públicos y otros ingresos	28.584.320,00
4	Transferencias corrientes	120.553.120,00
5	Ingresos patrimoniales	5.020.000,00
6	Enajenación de inversiones reales	689.230,00
7	Transferencia de capital	259.786,00
8	Activos financieros	200.569,00
9	Pasivos financieros	50.000,00
Total		**225.727.655,00**

Gastos		
Capítulo	**Denominación**	**Importe**
1	Gastos de personal	50.690.235,00
2	Gastos corrientes en bienes y servicios	89.236.548,00
3	Gastos financieros	5.236.980,00
4	Transferencias corrientes	18.654.300,00
5	Fondo de contingencia	52.000,00
6	Inversiones reales	42.017.192,00
7	Transferencia de capital	8.260.000,00
8	Activos financieros	2.580.400,00
9	Pasivos financieros	9.000.000,00
Total		**225.727.655,00**

CUESTIONES

1. ¿Qué órgano del Ayuntamiento Z llevó a cabo la aprobación del proyecto del presupuesto para el año 2024?

a) El Ayuntamiento Pleno.
b) El Alcalde.
c) La Junta de Gobierno Local.
d) A la Comisión Especial de Cuentas.

2. ¿Qué consecuencias tiene el hecho de que el 1 de enero de 2024 no se hubiera aprobado aún el Presupuesto del Ayuntamiento Z?

a) Se entiende automáticamente prorrogado el del ejercicio anterior por sus créditos definitivos.
b) El presupuesto de 2024 deberá ir acompañado de un informe del Tribunal de Cuentas u órgano equivalente de la Comunidad Autónoma.
c) Se entenderá automáticamente prorrogado el del ejercicio anterior por sus créditos iniciales.
d) No puede iniciarse el año 2024 sin contar con presupuesto aprobado.

3. No es una Anexo que deba incorporarse al presupuesto del año 2024 del Ayuntamiento Z:

a) El Balance de situación.
b) El estado de consolidación del presupuesto de la propia entidad con el de todos los presupuestos y estados de previsión de sus organismos autónomos y sociedades mercantiles.
c) Los programas de inversión y financiación para un plazo de cuatro años.
d) El estado de previsión de movimientos y situación de la deuda.

4. Teniendo en cuenta el resumen de la clasificación económica del presupuesto del municipio Z, ¿A cuánto asciende el total de las operaciones corrientes del estado de gastos?

a) 163.870.063 euros.
b) 214.147.255 euros.
c) 224.528.070 euros.
d) 139.926.783 euros.

5. Teniendo en cuenta el resumen de la clasificación económica del presupuesto del municipio Z, ¿A cuánto asciende el total de las operaciones no financieras del estado de ingresos?

a) 214.147.255 euros.
b) 949.016 euros.

c) 255.477.086 euros.
d) 224.528.070 euros.

6. Durante el año 2024, existe una previsión de ingresos por el Impuesto sobre Construcciones Instalaciones y Obras por importe de 4.230.506 euros. ¿En qué capítulo deberá incluirse la partida presupuestaría correspondiente a dicho ingreso?

a) Capítulo 1 del presupuesto de ingresos.
b) Capítulo 2 del presupuesto de ingresos.
c) Capítulo 3 del presupuesto de ingresos.
d) Capítulo 5 del presupuesto de ingresos.

7. El Ayuntamiento Z prevé conceder una subvención durante el año 2024 a la Asociación del Taxi para la renovación de vehículos a fin de que puedan ser menos contaminantes, principalmente mediante la adquisición de vehículos eléctricos o híbridos. ¿En qué capítulo deberá incluirse dicha subvención?

a) Capítulo 4 del presupuesto de gastos.
b) Capítulo 6 del presupuesto de gastos.
c) Capítulo 7 del presupuesto de gastos.
d) Capítulo 5 del presupuesto de ingresos.

8. D. Joaquín Heredia, vecino del municipio Z, desea saber cuál es la bonificación de la que se puede beneficiar en el impuesto sobre bienes inmuebles (IBI) por haber instalado en su inmueble un punto de recarga para vehículos eléctricos, homologado por la Administración competente:

a) Como máximo del 90%.
b) Como máximo del 50% siempre que se recoja dicha bonificación en la ordenanza fiscal del municipio Z.
c) Como mínimo de 50% siempre que se recoja dicha bonificación en la ordenanza fiscal del municipio Z.
d) Como mínimo del 60% en todo caso.

9. Para el año 2025 el Ayuntamiento Z, está valorando modificar la ordenanza fiscal reguladora del impuesto sobre bienes inmuebles (IBI) para introducir una bonificación del 95% para aquellos inmuebles que sean propiedad de la Cruz Roja. ¿Puede aplicarse dicha bonificación?

a) No, ya que dichos inmuebles no están sujetos al IBI.
b) No, ya que dichos inmuebles están exentos del IBI.
c) Sí, siendo además una bonificación obligatoria.
d) Sí, al superar el 50 % marcado por la Ley de Haciendas Locales.

10. El municipio Z, en enero de 2025 ha pasado a tener 170.000 habitantes según los datos de su padrón de habitantes. ¿Cuál será el régimen de organización por el que se regirá a partir de dicha fecha?

a) Régimen común.

b) Régimen de grandes poblaciones.

c) Deberá en el plazo de 6 meses adaptar su organización al régimen de grandes poblaciones.

d) Puede elegir libremente el régimen de organización, disponiendo de un año para adoptar dicho acuerdo por parte de la Junta de Gobierno Local.

Solución al supuesto n.º 3

El presupuesto local se regula en el Título VI del Real Decreto Legislativo 2/2004 de 5 de marzo, por el que se aprueba el Texto Refundido de la ley reguladora de las Haciendas Locales (LHL). En materia presupuestaría también se debe tener en cuenta el Real Decreto 500/1990 de 28 de abril y en la Orden EHA/3565/2008, de 3 de diciembre, por la que se aprueba la estructura de los presupuestos de las entidades locales.

En el supuesto también se plantean cuestiones relativas al régimen de organización aplicable a los municipios y que se regula con carácter fundamental en la Ley 7/1985 de 2 de abril reguladora de las bases del régimen local.

1. c) La Junta de Gobierno Local.

Para responder esta pregunta tenemos que acudir a la ley 7/1985 de 2 de abril reguladora de las bases del régimen local.

El artículo 121 determina los municipios a los que será de aplicación el régimen de grandes poblaciones:

a) *A los municipios cuya población supere los 250.000 habitantes.*

b) *A los municipios capitales de provincia cuya población sea superior a los 175.000 habitantes.*

c) *A los municipios que sean capitales de provincia, capitales autonómicas o sedes de las instituciones autonómicas.*

d) *Asimismo, a los municipios cuya población supere los 75.000 habitantes, que presenten circunstancias económicas, sociales, históricas o culturales especiales.*

En los supuestos previstos en los párrafos c) y d), se exigirá que así lo decidan las Asambleas Legislativas correspondientes a iniciativa de los respectivos ayuntamientos.

El municipio tiene más de 175.000 habitantes y es capital de provincia, por lo que se rige por el régimen de grandes poblaciones y le será de aplicación las normas contenidas en el título X de la LBRL.

En concreto, el artículo 127 atribuye a la Junta de Gobierno Local la aprobación del proyecto de presupuesto. (apartado 1.b).

2. c) Se entenderá automáticamente prorrogado el del ejercicio anterior por sus créditos iniciales.

El artículo 169 de la Ley Reguladora de las Haciendas Locales establece lo siguiente:

6. Si al iniciarse el ejercicio económico no hubiese entrado en vigor el presupuesto correspondiente, se considerará automáticamente prorrogado el del anterior, con sus créditos iniciales, sin perjuicio de las modificaciones que se realicen conforme a lo dispuesto en los artículos 177, 178 y 179 de esta ley y hasta la entrada en vigor del nuevo presupuesto. La prórroga no afectará a los créditos para servicios o programas que deban concluir en el ejercicio anterior o que estén financiados con crédito u otros ingresos específicos o afectados.

Por lo tanto, se entenderá automáticamente prorrogado el presupuesto del ejercicio anterior con sus créditos iniciales.

3. a) El Balance de situación.

El artículo 166 del Texto Refundido de la Ley Reguladora de las Haciendas Locales, establece los documentos que se deben incorporar como anexo al presupuesto general de la entidad local, que son los siguientes:

a) *Los planes y programas de inversión y financiación que, para un plazo de cuatro años, podrán formular los municipios y demás entidades locales de ámbito supramunicipal.*

b) *Los programas anuales de actuación, inversiones y financiación de las sociedades mercantiles de cuyo capital social sea titular único o partícipe mayoritario la entidad local.*

c) *El estado de consolidación del presupuesto de la propia entidad con el de todos los presupuestos y estados de previsión de sus organismos autónomos y sociedades mercantiles.*

d) *El estado de previsión de movimientos y situación de la deuda comprensiva del detalle de operaciones de crédito o de endeudamiento pendientes de reembolso al principio del ejercicio, de las nuevas operaciones previstas a realizar a lo largo del ejercicio y del volumen de endeudamiento al cierre del ejercicio económico, con distinción de operaciones a corto plazo, operaciones a largo plazo, de recurrencia al mercado de capitales y realizadas en divisas o similares, así como de las amortizaciones que se prevén realizar durante el mismo ejercicio.*

No figura por lo tanto el Balance de situación.

4. a) 163.870.063 euros.

La estructura de los presupuestos de las entidades locales se contiene en el artículo 167 y se desarrolla en la Orden EHA/3565/2008, de 3 de diciembre, por la que se aprueba la estructura de los presupuestos de las entidades locales.

En el siguiente cuadro se recoge la separación de los capítulos y el importe de cada una de las operaciones:

Ingresos		
Capítulo	**Denominación**	**Importe**
1	Impuestos directos	60.520.000,00
2	Impuestos indirectos	9.850.630,00
3	Tasas, precios públicos y otros ingresos	28.584.320,00
4	Transferencias corrientes	120.553.120,00
5	Ingresos patrimoniales	5.020.000,00
	Operaciones corrientes	**224.528.070,00**
6	Enajenación de inversiones reales	689.230,00
7	Transferencia de capital	259.786,00
	Operaciones de capital	**949.016,00**
	OPERACIONES NO FINANCIERAS	**225.477.086,00**
8	Activos financieros	200.569,00
9	Pasivos financieros	50.000,00
	OPERACIONES FINANCIERAS	**250.569,00**
Total		**225.727.655,00**

Gastos		
Capítulo	**Denominación**	**Importe**
1	Gastos de personal	50.690.235,00
2	Gastos corrientes en bienes y servicios	89.236.548,00
3	Gastos financieros	5.236.980,00
4	Transferencias corrientes	18.654.300,00
5	Fondo de contingencia	52.000,00
	Operaciones corrientes	**163.870.063,00**
6	Inversiones reales	42.017.192,00
7	Transferencia de capital	8.260.000,00
	Operaciones de capital	**50.277.192,00**
	OPERACIONES NO FINANCIERAS	**214.147.255,00**
8	Activos financieros	2.580.400,00
9	Pasivos financieros	9.000.000,00
	OPERACIONES FINANCIERAS	**11.580.400,00**
Total		**225.727.655,00**

Las operaciones corrientes del estado de gastos incluyen la suma de los capítulos 1 a 5, tal y como se indica en el cuadro.

5. c) 255.477.086 euros.

Teniendo en cuenta el cuadro de la respuesta anterior, comprobamos que las operaciones no financieras del estado de ingresos suman 255.477.086 euros, al ser la suma de los capítulos 1 a 7 de dicho estado.

6. b) Capítulo 2 del presupuesto de ingresos.

El Impuesto de Construcciones, instalaciones y obras (ICIO) es un impuesto indirecto, de conformidad con el artículo 100 del Texto Refundido de la Ley reguladora de las Haciendas Locales. Se trata de un ingreso del municipio, y por lo tanto la previsión del importe a recaudar se incluirá en el capítulo 2 del estado de ingresos (Impuestos indirectos).

7. c) Capítulo 7 del presupuesto de gastos.

Una subvención que concede el municipio Z es un gasto y por lo tanto formará parte del estado de gastos.

El capítulo 7 incluye las transferencias de capital que se realizan para fomentar inversiones como por ejemplo la renovación de vehículos. En el capítulo 4, por el contrario, se recogen las transferencias que realiza el municipio que tienen carácter corriente y no son inversiones.

8. b) Como máximo del 50% siempre que se recoja dicha bonificación en la ordenanza fiscal del municipio Z.

La Ley reguladora de las Haciendas Locales dentro de las bonificaciones aplicables al IBI distingue entre obligatorias (artículo 73) y potestativas (artículo 74), el apartado 7 de dicho artículo establece:

Las ordenanzas fiscales podrán regular una bonificación de hasta el 50 por ciento de la cuota íntegra del impuesto a favor de los bienes inmuebles en los que se hayan instalado puntos de recarga para vehículos eléctricos. La aplicación de esta bonificación estará condicionada a que las instalaciones dispongan de la correspondiente homologación por la Administración competente. Los demás aspectos sustantivos y formales de esta bonificación se especificarán en la ordenanza fiscal

Se trata, por lo tanto, de una bonificación que solo se puede aplicar si así lo recogen las ordenanzas fiscales del Ayuntamiento Z y por un importe máximo del 50 %.

9. b) No, ya que dichos inmuebles están exentos del IBI.

El artículo 63 de la Ley reguladora de las Haciendas Locales, indica que están exentos del IBI, entre otros, los bienes de la Cruz Roja. Por lo tanto, no procede la bonificación ya que existe una exención de dichos inmuebles.

10. b) Régimen de grandes poblaciones.

El apartado 3, del artículo 121 de la Ley de Bases del Régimen Local, establece lo siguiente:

3. Los municipios a los que resulte de aplicación el régimen previsto en este título, continuarán rigiéndose por el mismo aun cuando su cifra oficial de población se reduzca posteriormente por debajo del límite establecido en esta ley.

El Ayuntamiento Z, se seguirá rigiendo por el régimen de grandes poblaciones, aunque se haya producido la disminución en su población por debajo de los límites que aparecen en el artículo 121.

SUPUESTO N.º 4

Dña. **Carmen Aragonés ocupa plaza de Auxiliar Administrativa en el Servicio de Personal del Ayuntamiento Y.**

Durante su jornada laboral se plantean una serie de cuestiones relativas a la gestión de personal que deberá resolver de conformidad con el Real Decreto Legislativo 5/2015 de 30 de octubre por el que se aprueba el Texto Refundido del Estatuto Básico del Empleado Público.

El Ayuntamiento Y tiene la consideración de municipio de gran población de conformidad con el título X de la Ley 7/1985 de 2 de abril reguladora de las bases del régimen local. Actualmente cuenta con 516 funcionarios/as.

CUESTIONES

1. El Ayuntamiento Y está elaborando la oferta de empleo para el año 2024, ¿a qué órgano del municipio corresponderá su aprobación y cuál será el plazo máximo para ejecutar dicha oferta de empleo?

a) Al Ayuntamiento Pleno, debiendo ejecutarse en el plazo improrrogable de 2 años.
b) A el Alcalde, debiendo ejecutarse en el plazo improrrogable de 3 años.
c) A la Junta de Gobierno Local, debiendo ejecutarse en el plazo improrrogable de 3 años.
d) Al Consejero competente en materia de personal, debiendo ejecutarse en el plazo improrrogable de 4 años.

2. La oferta de empleo del municipio Y para 2024 consta de 100 plazas para distintas categorías. ¿Cuántas plazas como mínimo deben reservarse para el turno de personas con discapacidad?

a) 10 plazas, de las cuales 3 serán para discapacidad intelectual y 7 para el resto.
b) 7 plazas, de las cuales 2 serán para discapacidad intelectual y 5 para el resto.
c) 10 plazas, de las cuales 7 serán para discapacidad intelectual y 3 para el resto.
d) 7 plazas, de las cuales 5 serán para discapacidad intelectual y 2 para el resto.

Dentro de dicha oferta de empleo público se encuentra una plaza de Técnico Medio de Gestión. Una vez aprobadas las bases, a la hora de nombrar por parte del Ayuntamiento Y al tribunal que llevará a cabo la calificación del correspondiente proceso selectivo, nos encontramos con la siguiente situación:

- D. Manuel Rodríguez es funcionario de carrera del grupo/subgrupo A2.
- Dña. Laura Lázaro es funcionaria interina del grupo/subgrupo A1.
- Dña. María Hernández es personal laboral temporal clasificada en la categoría profesional de Técnico Superior.
- D. Bernardo Ibáñez es funcionario de carrera del grupo/subgrupo C2, con el título de Bachillerato.
- D. Juan Pérez es personal eventual y tiene título universitario de grado.
- Dña. Mercedes Biel es funcionaria de carrera del grupo/subgrupo A1, que actualmente disfruta de un permiso de conciliación de la vida personal, familiar y laboral.

3. ¿Qué personas de las anteriormente citadas podrán formar parte del tribunal de selección de plazas de funcionario de carrera de la citada oposición de Técnico Medio de Gestión?

a) Todas.
b) Todas salvo Bernardo Ibáñez.
c) Solo Manuel Rodríguez y Mercedes Biel.
d) Todos salvo Bernardo Ibáñez y Laura Lázaro.

El Ayuntamiento Y también ha aprobado las convocatorias para otros dos procesos selectivos: 10 plazas de auxiliar administrativa/o y 5 plazas de Policía Local. Tras la oportuna publicación oficial de la convocatoria, se abre el plazo de presentación de instancias. Entre otros aspirantes a ambos procesos selectivos nos encontramos con las siguientes personas:

a) **Enrique Muñoz, que posee la nacionalidad española y tiene 14 años.**

b) **Marie Beck, que posee nacionalidad francesa y tiene 25 años.**

c) **Berat Thuram, que posee nacionalidad turca y tiene 36 años.**

d) **Marta Gutiérrez, que posee nacionalidad española y tiene 24 años.**

4. De acuerdo con los datos expuestos y a tenor de los requisitos de participación (nacionalidad) en el Texto Refundido del Estatuto Básico del Empleado Público, indica la respuesta correcta o más correcta:

a) Berat Thuram no podrá participar en ninguno de los dos procesos selectivos. Enrique Muñoz y Marta Gutiérrez podrán participar en los dos procesos selectivos. Marie Beck solo podrá participar en el de auxiliar administrativa/o.

b) Berat Thuram podrá participar en el proceso selectivo de auxiliar administriva/o. Marie Beck, Enrique Muñoz y Marta Gutiérrez podrán participar en los dos procesos selectivos.

c) Berat Thuram y Enrique Muñoz no podrán participar en ningún proceso selectivo. Marie Beck podrá participar en el proceso selectivo de auxiliar administrativa/o. Marta Gutiérrez podrá participar en ambos procesos selectivos.

d) Berat Thuram y Enrique Muñoz no podrán participar en ningún proceso selectivo. Marie Beck y Marta Gutiérrez podrán participar en ambos procesos selectivos.

5. D. Mateo Urzaiz es funcionario de carrera del Ayuntamiento Y. El día 20 de marzo de 2024 hubo una huelga general y dicho funcionario no acudió a su puesto de trabajo. Indica la respuesta correcta.

a) Por ese día devengó retribución, pero no la percibió.

b) Por ese día no devengó ni percibió retribución, pero dicho día le computará a efectos de prestaciones sociales.

c) Por ese día no devengó ni percibió retribución. Además, dicho día no le computará a efectos de prestaciones sociales.

d) Se le tuvo que deducir la parte del sueldo correspondiente a ese día, teniendo el carácter de sanción.

Dña. Sandra Diez Montañez es funcionaria de carrera del Ayuntamiento Y, en el puesto de Jefa de Negociado de infracciones de tráfico (grupo C1). Su jornada de trabajo es de 8 a 14 horas. Por las tardes en horario de 18 a 20 horas trabaja en una empresa encargada de reclamar a las Administraciones Públicas por las infracciones de tráfico cometidas por sus clientes.

6. ¿Puede Dña. Elena Diez realizar dicho trabajo por la tarde?

a) No, en ningún caso.

b) No, salvo que no perciba retribuciones por dicha actividad.

c) Sí, previo reconocimiento de compatibilidad.

d) Sí, no siendo necesario reconocimiento de compatibilidad.

7. ¿Ha incurrido la alguna infracción disciplinaria la funcionaria?

a) Sí, se trataría de una falta grave según el artículo 7 del Real Decreto 33/1986, de 10 de enero, por el que se aprueba el Reglamento de Régimen Disciplinario de los Funcionarios de la Administración del Estado

b) No, ya que se trata de una actividad que no necesita reconocimiento de compatibilidad.

c) Sí, se trataría de una falta leve según el TREBEP.

d) Sí, se trataría de una falta muy grave según el artículo 97 del TREBEP.

8. ¿Cuál de las siguientes infracciones podría imponerse a la citada funcionaria en el caso de haber incurrido en algún tipo de infracción?:

a) Despido disciplinario.

b) Separación del Servicio.

c) Suspensión de empleo y sueldo.
d) Cualquiera de las anteriores.

9. De conformidad con el TREBEP. ¿Cuál será el plazo de prescripción de la sanción impuesta?

a) 3 años.
b) 10 años.
c) 2 años.
d) 6 meses.

10. Finalmente se plantea la duda de cuál será el número de representantes de la Junta de Personal del municipio Y de conformidad con el TREBEP.

a) 9.
b) 17.
c) 13.
d) 21.

Solución al supuesto n.º 4

El presente supuesto se debe resolver utilizando principalmente el Real Decreto Legislativo 5/2015 de 30 de octubre por el que se aprueba el Texto Refundido del Estatuto Básico del Empleado Público, así bien también habrá que tener en cuenta la Ley 7/1985 de 2 de abril reguladora de las bases del régimen local.

1. c) A la Junta de Gobierno Local, debiendo ejecutarse en el plazo improrrogable de 3 años.

El municipio Y pertenece al régimen de grandes poblaciones tal y como indica el enunciado, por lo tanto, se rige por las normas contenidas en el título X de la Ley de Bases del Régimen Local (Ley 7/1985 de 2 de abril). En concreto el artículo 127 atribuye a la Junta de Gobierno Local, entre otras competencias:

*h) Aprobar la relación de puestos de trabajo, las retribuciones del personal de acuerdo con el presupuesto aprobado por el Pleno, **la oferta de empleo público**, las bases de las convocatorias de selección y provisión de puestos de trabajo, el número y régimen del personal eventual, la separación del servicio de los funcionarios del Ayuntamiento, sin perjuicio de lo dispuesto en el artículo 99 de esta ley, el despido del personal laboral, el régimen disciplinario y las demás decisiones en materia de personal que no estén expresamente atribuidas a otro órgano.*

En cuanto al plazo para ejecutar la oferta de empleo, debemos acudir al artículo 70 del TREBEP:

*1. Las necesidades de recursos humanos, con asignación presupuestaria, que deban proveerse mediante la incorporación de personal de nuevo ingreso serán objeto de la Oferta de empleo público, o a través de otro instrumento similar de gestión de la provisión de las necesidades de personal, lo que comportará la obligación de convocar los correspondientes procesos selectivos para las plazas comprometidas y hasta un diez por cien adicional, fijando el plazo máximo para la convocatoria de los mismos. En todo caso, la ejecución de la oferta de empleo público o instrumento similar deberá desarrollarse **dentro del plazo improrrogable de tres años**.*

En consecuencia, el órgano competente para aprobar la oferta de empleo es la Junta de Gobierno Local y el plazo máximo para su ejecución será de tres años, siendo además improrrogable.

2. b) 7 plazas, de las cuales 2 serán para discapacidad intelectual y 5 para el resto.

El artículo 59.1 del TREBEP establece lo siguiente:

En las ofertas de empleo público se reservará un cupo no inferior al siete por ciento de las vacantes para ser cubiertas entre personas con discapacidad, considerando como tales las definidas en el apartado 2 del artículo 4 del texto refundido de la Ley General de derechos de las personas con discapacidad y de su inclusión social, aprobado por el Real Decreto Legislativo 1/2013, de 29 de noviembre, siempre que superen los procesos selectivos y acrediten su discapacidad y la compatibilidad con el desempeño de las tareas, de modo que progresivamente se alcance el dos por ciento de los efectivos totales en cada Administración Pública.

La reserva del mínimo del siete por ciento se realizará de manera que, al menos, el dos por ciento de las plazas ofertadas lo sea para ser cubiertas por personas que acrediten discapacidad intelectual y el resto de las plazas ofertadas lo sea para personas que acrediten cualquier otro tipo de discapacidad.

Al ser 100 plazas, 7 se reservarán para ser cubiertas por personas con discapacidad y de las mismas 2 lo serán para personas con discapacidad intelectual.

3. c) Solo Manuel Rodríguez y Mercedes Biel.

Esta pregunta hace referencia a quienes pueden o no, formar parte de los tribunales de selección, se debe acudir al artículo 60 del TREBEP, que establece lo siguiente:

1. *Los órganos de selección serán colegiados y su composición deberá ajustarse a los principios de imparcialidad y profesionalidad de sus miembros, y se tenderá, asimismo, a la paridad entre mujer y hombre.*

2. *El personal de elección o de designación política, los funcionarios interinos y el personal eventual no podrán formar parte de los órganos de selección.*

3. *La pertenencia a los órganos de selección será siempre a título individual, no pudiendo ostentarse ésta en representación o por cuenta de nadie.*

Por otra parte, el artículo 11 del RD 364/1995, de 10 de marzo, por el que se aprueba el Reglamento General de Ingreso del Personal al servicio de la Administración general del Estado y de Provisión de Puestos de Trabajo y Promoción Profesional de los Funcionarios Civiles de la Administración general del Estado, establece:

Los Tribunales serán nombrados, salvo excepción justificada, en cada orden de convocatoria y con arreglo a la misma les corresponderá el desarrollo y la calificación de las pruebas selectivas. Estarán constituidos por un número impar de miembros, funcionarios de carrera, no inferior a cinco, debiendo designarse el mismo número de miembros suplentes y en su composición se velará por el cumplimiento del principio de especialidad. La totalidad de los miembros deberá poseer un nivel de titulación igual o superior al exigido para el ingreso en el Cuerpo o Escala de que se trate.

Vamos a analizar a cada una de las personas que nos indica el enunciado:

- D. Manuel Rodríguez puede ser Tribunal, ya que es funcionario de carrera y del mismo grupo de la plaza objeto de oposición (A2).

- Dña. Laura Lázaro, al ser funcionaria interina no puede formar parte del órgano de selección.

- Dña. María Hernández no es funcionaria de carrera, además su contrato es temporal.

- D. Bernardo Ibáñez es funcionario, pero tiene una titulación inferior a la exigida para el ingreso en la plaza objeto de oposición.

- D. Juan Pérez es personal eventual.

- Dña. Mercedes Biel, es funcionaria de carrera y tiene que tener una titulación superior (ya que es funcionaria del grupo A1), no afecta que este de permiso, y por lo tanto puede ser miembro del Tribunal.

Por lo tanto, pueden ser miembros tanto Manuel Rodríguez como Mercedes Biel.

4. c) Berat Thuram y Enrique Muñoz no podrán participar en ningún proceso selectivo. Marie Beck podrá participar en el proceso selectivo de auxiliar administrativa/o. Marta Gutiérrez podrá participar en ambos procesos selectivos.

El artículo 57 del TREBEP establece lo siguiente en cuanto al acceso al empleo público de los nacionales de otros estados:

Los nacionales de los Estados miembros de la Unión Europea podrán acceder, como personal funcionario, en igualdad de condiciones que los españoles a los empleos públicos, con excepción de aquellos que directa o indirectamente impliquen una participación en el ejercicio del poder público o en las funciones que tienen por objeto la salvaguardia de los intereses del Estado o de las Administraciones Públicas.

- Por tanto, D. Berat Thuram, al no ser nacional de un país miembro de la Unión Europea, no puede participar en ningún proceso selectivo.

- Dña. Marie Beck, es nacional de un país de la Unión Europea y podrá participar en el proceso selectivo de auxiliar administrativa/o pero no en el de Policía Local ya que es objeto de dicha plaza es la salvaguardia de los intereses del Estado o de las Administraciones Públicas.

- Dña. Marta Gutiérrez al tener nacionalidad española y ser mayor de 16 años podrá participar en los dos procesos selectivos.

- En cuanto a la edad. El artículo 56 del TREBEP exige tener más de 16 años para participar en los procesos selectivos, es por ello por lo que D. Enrique Muñoz no podrá participar en ninguno de los anteriores.

En la resolución del supuesto no se consideran el resto de cuestiones del artículo 57 por falta de información, como por ejemplo si el cónyuge de los anteriores es español, son hijos de españoles, etc.

5. b) Por ese día no devengó ni percibió retribución, pero dicho día le computará a efectos de prestaciones sociales.

En el artículo 30 del TREBEP se regulan las deducciones de las retribuciones, entre las que se encuentra el ejercicio del derecho a huelga, por el que no se devengará ni percibirá retribuciones, sin que afecte a las prestaciones sociales ni tenga el carácter de sanción.

6. a) No, en ningún caso.

La Ley 53/1984 de 26 de diciembre regula el régimen de incompatibilidades del personal al Servicio de las Administraciones Públicas.

El artículo 12 de dicha Ley determina aquellas actividades privadas que en ningún caso podrán ser objeto de compatibilidad con otra actividad pública, principalmente porque suponen un conflicto de intereses, entre otras se recoge:

a) *El desempeño de actividades privadas, incluidas las de carácter profesional, sea por cuenta propia o bajo la dependencia o al servicio de Entidades o particulares, en los asuntos en que esté interviniendo, haya intervenido en los dos últimos años o tenga que intervenir por razón del puesto público*

En el supuesto que se plantea se produce una incompatibilidad entre su trabajo tramitando sanciones de tráfico y el trabajo en el ámbito privado recurriendo dichas multas. Por lo tanto, en ningún caso se podrá reconocer la compatibilidad.

7. d) Sí, se trataría de una falta muy grave según el artículo 97 del TREBEP.

El TREBEP considera falta muy grave, entre otras, en su artículo 95:

n) *El incumplimiento de las normas sobre incompatibilidades cuando ello dé lugar a una situación de incompatibilidad.*

En este supuesto además de no haber solicitado la compatibilidad, está realizando una actividad que es incompatible, por lo tanto, se trata de una falta muy grave.

8. b) Separación del Servicio.

Hay que acudir al artículo 96 del TREBEP donde se establece el listado de las posibles sanciones disciplinarias:

a) *Separación del servicio de los funcionarios, que en el caso de los funcionarios interinos comportará la revocación de su nombramiento, y que sólo podrá sancionar la comisión de faltas muy graves.*

b) *Despido disciplinario del personal laboral, que sólo podrá sancionar la comisión de faltas muy graves y comportará la inhabilitación para ser titular de un nuevo contrato de trabajo con funciones similares a las que desempeñaban.*

c) *Suspensión firme de funciones, o de empleo y sueldo en el caso del personal laboral, con una duración máxima de 6 años.*

d) *Traslado forzoso, con o sin cambio de localidad de residencia, por el período que en cada caso se establezca.*

e) *Demérito, que consistirá en la penalización a efectos de carrera, promoción o movilidad voluntaria.*

f) Apercibimiento.

g) Cualquier otra que se establezca por ley.

La respuesta correcta es solo la separación de servicios, ya que según el supuesto se trata de un funcionario y por lo tanto no procede ni el despido disciplinario ni la suspensión de empleo y sueldo, las cuales se recogen para personal laboral.

9. a) 3 años.

El artículo 97 de TREBEP, regula la prescripción de las infracciones y sanciones disciplinarias:

1. Las infracciones muy graves prescribirán a los tres años, las graves a los dos años y las leves a los seis meses; las sanciones impuestas por faltas muy graves prescribirán a los tres años, las impuestas por faltas graves a los dos años y las impuestas por faltas leves al año.

Al tratarse de una sanción (falta) muy grave, el plazo de prescripción será de tres años.

10. b) 17.

El artículo 39 del TREBEP establece:

Cada Junta de Personal se compone de un número de representantes, en función del número de funcionarios de la Unidad electoral correspondiente, de acuerdo con la siguiente escala, en coherencia con lo establecido en el Estatuto de los Trabajadores:

- *De 50 a 100 funcionarios: 5.*
- *De 101 a 250 funcionarios: 9.*
- *De 251 a 500 funcionarios: 13.*
- *De 501 a 750 funcionarios: 17.*
- *De 751 a 1.000 funcionarios: 21.*
- *De 1.001 en adelante, dos por cada 1.000 o fracción, con el máximo de 75.*

Como el Ayuntamiento Y tiene 516 funcionario, el número de representantes de la Junta de Personal será de 17.

Cómo acceder al Curso

Auxiliar Administrativo/a
Test del temario y supuestos prácticos del segundo ejercicio

El uso de los códigos **es exclusivo de los compradores de los productos de Editorial MAD**. Cada producto posee un código único y de un solo uso. Es personal e intransferible y da acceso a servicios y contenidos adicionales. Editorial MAD se reserva el derecho de hacer cuantas comprobaciones sean necesarias para identificar al legítimo poseedor del código y dejar de dar servicio a quien haga uso fraudulento del mismo, además de emprender cuantas acciones legales estime oportunas según la legislación vigente.

Deberás acceder a:

mad.es/registro-campus

Si una vez aceptadas las condiciones de uso del Campus decides hacer uso del mismo, necesitarás del siguiente código de acceso junto con los códigos del resto de títulos que se exigen (si fuera el caso):

MB7RNJ3H1X